5-Elemente-Küche
für jeden Tag

Gisela Baule

5-Elemente-Küche
für jeden Tag

FONA

CH-5600 Lenzburg
www.fona.ch

Lektorat Léonie Schmid

Gestaltung Hiroe Mori, FonaGrafik

Fotos Claudia Albisser

Druck Druckerei Uhl, Radolfzell

ISBN 978-3-03780-509-1

DANK

Ein herzliches Dankeschön allen, die bei der Realisierung dieses Buches mitgeholfen haben:

Meinen Lehrern, die mich begleitet und fasziniert haben und denen ich mein TCM-Wissen verdanke, insbesondere Claude Diolosa, der mir auch seine Nahrungsmitteltabelle zur Nutzung überließ.

Dank auch meinem spirituellen Lehrer Ole Nydahl, der mir stets eine Quelle der Inspiration war und mich bestärkt hatte, wichtige Dinge zum Nutzen aller Wesen in die Welt hinauszutragen.

Gisela Baule

INHALT

Abkürzungen

EL	gestrichener Esslöffel
TL	gestrichener Teelöffel
dl	Deziliter
ml	Milliliter
l	Liter
g	Gramm
kg	Kilogramm
Msp	Messerspitze
E	Erde
M	Metall
W	Wasser
H	Holz
F	Feuer
•	Elementwechsel Erde
•	Elementwechsel Metall
•	Elementwechsel Wasser
•	Elementwechsel Holz
•	Elementwechsel Feuer

Bei Elementwechseln rühren, wenn im Zubereitungstext nicht speziell erwähnt.

● Arbeitsschritt

ZUM GELEIT

Durch meine Tätigkeiten, zuerst als Kinderkranken- und später als OP-Schwester, war ich jeden Tag mit Krankheit und Tod konfrontiert und habe mich deshalb schon bald für das Gegenteil interessiert, die Gesundheit und das Wohlergehen. Dabei kam ich automatisch mit der Komplementärmedizin in Kontakt. Den Mensch in seiner Ganzheit erfassen, die vielen Seiten des Individuums wahrzunehmen und in eine Therapie einfließen zu lassen, das machte für mich Sinn. Und so begann ich, mich Ende der 1980er Jahre mit den verschiedenen Therapieformen auseinanderzusetzen.

Neben den unterschiedlichen Formen von Körperarbeit (Shiatsu, Shin Tai, Cranio-Sakral-Therapie, Oceanic Aqua Balancing) bin ich auch mit der Theorie der Traditionellen Chinesischen Medizin in Kontakt gekommen, welche mich sofort faszinierte. Ich habe leicht verständliche Erklärungen für große Zusammenhänge gefunden. Insbesondere die 5-Elemente-Ernährung faszinierte mich. Oft essen wir, ohne dass wir wissen, welchen Einfluss die Nahrung auf unseren Körper hat. Ich habe mit TCM nur positive Erfahrungen gemacht. Ich lade Sie ein, die 5-Elemente-Küche kennenzulernen und auszuprobieren.

Die 5-Elemente-Küche: KISS

«Keep it stupid simple»: Mache es so einfach wie möglich! Dieser Rat dürfte aus der amerikanischen Armee stammen. Ich finde ihn echt gut. Man sollte die Dinge nicht unnötig kompliziert machen. Daher ist auch meine Küche eher simpel und bodenständig.

Auf meinen Reisen rund um den Erdball habe ich das Prinzip der Einfachheit in vielen Kulturen kennengelernt. Zwar ist es in der Ernährung oft eine Frage des lokalen Angebots, aber auch der Tradition. Und das wird normalerweise nicht als langweilig empfunden, auch wenn ein Nahrungsmittel jeden Tag auf den Tisch kommt. Asien hat seinen Reis, Italien seine Pasta, Afrika Sorghum und Couscous, Südamerika Mais, Amarant, Quinoa. Die Menschen lieben ihr «Nahrungsmittel» und kombinieren es mit den verschiedensten Zutaten. Der Anspruch auf viel Abwechslung, wie wir ihn in unseren Breitengraden kennen, ist ihnen fremd. Man kann mit so wenig zufrieden sein! Ehrliches, naturnahes Essen kann so fein schmecken! Wir müssen die einfachen Gerichte wieder entdecken.

Die 5-Elemente-Küche ist unkompliziert und eignet sich auch für Einsteiger. Dieses Buch ist kein therapeutisches Kochbuch. Deshalb gibt es auch nicht zu jedem Rezept eine Erklärung zur Wirkung. Die Gerichte sind meistens so konzipiert, dass sie thermisch weder zu heiß noch zu kalt sind. Trotzdem macht es Sinn, den Zusatz «zu meiden bei: ....» zu beachten, wenn man starke Symptome eines Disharmonie-Musters hat. Berufstätigen fehlt häufig die Zeit, um stundenlang in der Küche zu stehen. Auch dieser Aspekt wurde berücksichtigt. Man kann schon fast von «Fastfood» im Slowfood-Bereich sprechen.

Viel Spaß beim Ausprobieren, gutes Gelingen und guten Appetit!

Gisela Baule

EINFÜHRUNG

«Wenn wir unseren Körper vernachlässigen, wo sollen wir dann wohnen?»

Diese Frage ist ein Kernsatz, wenn es um das Verständnis der Traditionellen Chinesischen Medizin (in der Folge «TCM» genannt) geht, aus der die 5-Elemente-Ernährungslehre entstanden ist. Die TCM ist mittlerweile einige tausend Jahre alt und hat seither ihre Wirksamkeit immer wieder unter Beweis gestellt.

TCM ist eine sogenannte Erfahrungsmedizin: Das überlieferte Wissen wird ständig auf seine Gültigkeit überprüft, Neues wird hinzugefügt, und so kann ein stets aktueller Stand erreicht werden. Die TCM entstand im alten taoistischen China. «Tao» heißt «Der Weg». Der Weg ist das Ziel: Den Weg gehen und weise werden, um letztendlich eins zu werden mit dem allumfassenden Universum, der absoluten Ebene, dem grenzenlosen Weisheits- und Freudenzustand.

Die alten Chinesen haben in der Tat sehr gründlich gearbeitet und alles untersucht, um herauszufinden, wie man den Körper möglichst lang gesund erhalten und damit alt und weise werden kann. Das «Nebenprodukt» dieser Untersuchungen war die Entdeckung all der Dinge, die es dann zu meiden galt, wollte man den Körper vor Krankheit schützen. Eine der Haupterkenntnisse war die Tatsache, dass jeder Mensch ein einzigartiges Individuum ist und auch als solches behandelt werden sollte. **Keiner ist wie der andere!** Die Menschen können zwar ähnliche Disharmonie-Muster (Symptome) haben, aber der Ursprung kann grundverschieden sein. Deshalb ist nicht für alle das Gleiche gut! Was dem einen hilft, erweist sich beim andern als nutzlos. Und gerade diese Denkweise ist der Schlüssel zum Erfolg der TCM! Es gilt also, die Bedürfnisse jedes Menschen herauszufinden.

Der Kreis (Illustration unten links) symbolisiert **alles**, aber auch **nichts**: das Universum, den grenzenlosen Raum, in dem alles entsteht und in den alles einmal wieder zurückkehrt. Es ist der Raum, der alles enthält, auf materieller und energetischer Ebene. In diesem Raum findet das ständige Spiel von Werden und Vergehen statt, von Entstehung und Zerfall, Geburt und Tod. Womit wir auch schon ausgehend von der **absoluten Ebene** der **Einheit** bei der **relativen Ebene** der **Zweiheit = Dualität** wären. Und hier finden wir das wunderschöne Symbol, das mittlerweile schon fast jeder kennt, nämlich das **Yin-Yang-Symbol** (Illustration unten rechts).

Dieses Zeichen zeigt eindrücklich den ewigwährenden Kreislauf des Lebens. Es ist kein statisches Symbol, ebenso wenig wie **Yin** und **Yang** statisch sind. Es ist ein sich drehendes, stets bewegendes, sich ständig aus sich selbst erneuerndes Ganzes. Die helle Seite steht für **Yang**. Das bedeutet unter anderem Helligkeit, Tag, Aktivität, männliches Prinzip usw. Die dunkle Seite steht für **Yin**. Das ist Dunkelheit, Nacht, Passivität, weibliches Prinzip. **Zusammen ergeben sie das harmonische Ganze**. Und nur dann, wenn beide Teile gleich stark sind, ist die Harmonie vollkommen.

Aber nicht nur, dass das eine ohne das andere nicht sein kann, auch die Tatsache, dass jedes die

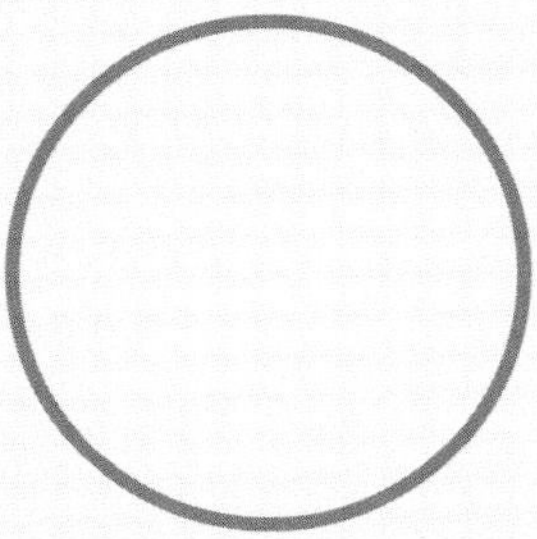

Whu Shi = Der Kreis

Aus «1 wird 2» Yin und Yang

Qualität des anderen im Kern bereits in sich trägt (das sind die beiden jeweils andersfarbigen Punkte in jeder Hälfte), ist Zeichen der Transformationsfähigkeit. In jedem Yang ist das Yin bereits im Ansatz enthalten und in jedem Yin das Yang. So sind Yin und Yang sowohl im Großen wie im Kleinen immer im Gleichgewicht. Ein Beispiel: Jede Frau (Yin) hat auch männliche Qualitäten (Yang) wie zum Beispiel Durchsetzungsvermögen, und jeder Mann (Yang) hat auch weibliche Qualitäten wie zum Beispiel Fürsorge. Wenn wir nicht in einer partnerschaftlichen Beziehung leben, in der sich die Aufgaben auf Mann und Frau zu gleichen Teilen verteilen, so müssen wir selbst das Fehlende in uns mehr wachsen lassen. Und alleinstehende Frauen haben dann im Beruf «ihren Mann zu stehen» (werden yangiger), Männer entwickeln plötzlich sehr häusliche Qualitäten (werden yiniger). Es braucht beides, und wir tragen alles Nötige in unserem Inneren.

Yang	Yin
Tag	Nacht
Helligkeit	Dunkelheit
Aktivität	Passivität
männlich	weiblich
Bewegung	Stillstand
schnell	langsam
obere Körperhälfte	untere Körperhälfte
Körperaußenseite	Körperinnenseite
Körperrückseite	Körpervorderseite
Expansion	Kontraktion
Zentrifugalkraft	Zentripetalkraft
Hitze	Kälte
Sommer	Winter
Trockenheit	Feuchtigkeit
scharf	sauer
Himmel	Erde
Zeit	Raum
Leichtigkeit	Schwere
fest	flüssig
produzierend	empfangend
zerstörend	bewahrend
Wachstum	Zerfall
Energie	Materie
Feuer	Wasser
und viele mehr ...	

YIN UND YANG IM KÖRPER

Yin und Yang sind auch in unserem Körper genau definiert, sowohl auf energetischer wie auf materieller Ebene. Der Yang-Teil bezieht sich auf unseren Energiehaushalt mit den beiden Faktoren Qi und Wärme. Der Yin-Teil bezieht sich auf den sogenannten Substanzhaushalt, der aus Blut und Säften einerseits und der materiellen Struktur wie z.B. unseren Knochen andererseits besteht. **Yin und Yang kontrollieren sich gegenseitig, um das Gleichgewicht im Körper zu bewahren.** Kurzfristige Belastungen, die den Körper aus dem Gleichgewicht bringen, können durch die Selbstheilungskraft dieses Systems korrigiert und wieder ausbalanciert werden. Langfristige Belastungen wie falsche Ernährung, Stress, Frustration, körperliche und geistige Überanstrengung überfordern das System und führen zu Disharmonie-Mustern. Im Großen und Ganzen unterscheiden wir in der TCM sechs Hauptformen:

- Qi-Mangel und Qi-Stagnation
- Yang-Mangel
- Yang-Fülle
- Blut-Mangel
- Yin-Mangel
- Yin-Fülle

QI – LEBENSENERGIE

Alles, was lebt, tut dies durch das Vorhandensein von Qi (sprich tschi). Es ist die Lebensenergie, die alles durchdringt. Auf dem Wissen und die Existenz dieses Qi basiert die TCM. Im alten China hat man genauestens untersucht, was es braucht, um das Qi zu stärken, beziehungsweise welche Faktoren es schwächen. Da jede Form von Krankheit das Qi erschöpft und damit auch das Leben verkürzen kann, haben die Chinesen ein einzigartiges System der Vorbeugung geschaffen. Mit der Puls- und Zungendiagnostik kann der aktuelle Zustand eines jeden Individuums festgestellt werden. Mit diesen Informationen können Empfehlungen abgegeben werden, wie die Gesundheit erhalten werden kann.

Das Qi fließt in den sogenannten Energieleitbahnen, den Meridianen. Ein ganzes Netz davon überzieht und durchdringt unseren Körper, so dass sich das Qi im ganzen Organismus ausbreiten und die Organe versorgen kann. Die TCM kennt die unterschiedlichsten Arten von Qi. Die 2 Hauptgruppen sind:

das vorgeburtliche Qi und das nachgeburtliche Qi

Das vorgeburtliche Qi unterteilt sich in Yuan-Qi, den Yang-Aspekt, und Jing-Qi, den Yin-Aspekt. Ein gewisses Quantum von beiden wird uns von unseren Eltern vererbt. Es bestimmt, mit welcher Konstitution und Kondition wir auf die Welt kommen.

Das nachgeburtliche Qi beinhaltet viele verschiedene Aspekte, u.a. das nachgeburtliche Jing-Qi, welches aus der Nahrung und der Atmung aufgebaut wird. Es wird in den Nieren gespeichert und schützt uns vor vorzeitiger Erschöpfung des vorgeburtlichen Jing, welches normalerweise durch den Alterungsprozess abnimmt.

Eine weitere wichtige Qi-Art ist das **Abwehr-Qi**, das **Wei-Qi**, das so viel wie unsere **Immunität** bedeutet. Ein starkes Wei-Qi hilft uns, bei krankmachenden Keimen Widerstand zu leisten. Das funktioniert jedoch nur, wenn das Qi im Körper frei fließen kann und nicht irgendwo blockiert ist. Eine Qi-Blockade kann Ursache von Disharmonie-Mustern sein.

DAS UNGLEICHGEWICHT IM KÖRPER

Yin und Yang versuchen immer, im Gleichgewicht zu sein. Durch innere oder äußere Faktoren kann es jedoch zum Ungleichgewicht kommen. **Innere Ursachen** sind geistige Konzepte, die uns blockieren können, und unterschiedliche Emotionen wie Zorn, Frust, Trauer, Depression usw. Als **äußere Ursachen** bezeichnet man bioklimatische Einflüsse, z.B. Hitze, Wind, Kälte, Belastungen durch unsere Umgebung und die Ernährung.

Wir unterscheiden ein Ungleichgewicht der **Yin-** und der **Yang-Wurzel**. Bei einem Ungleichgewicht der **Yang-Wurzel** können wir **Energie-(Qi-)Mangel**, **Yang-Mangel** und **Yang-Fülle** unterscheiden. Der **Energie-Mangel** kann grundsätzlich als Vorstufe jeder Form von Ungleichgewicht gesehen werden. Dort, wo zu wenig Energie fließt oder die Energie blockiert ist, kommt es zu einer Unterversorgung und zu Schmerz. Der **Yang-Mangel** bezeichnet einen durch Energie- und Wärmeverlust entstandenen Kältezustand. Eine **Yang-Fülle** beschreibt ein Übermaß an Hitze im Körper.

Ursachen einer schwachen Yang-Wurzel

- äußere bioklimatische Kälte
- in den Körper eingedrungene Kälte infolge Verzehrs zu vieler thermisch kalter Nahrungsmittel
- Überanstrengung körperlicher und geistiger Natur
- Emotionen

Ist die **Yin-Wurzel** betroffen, dann kommen drei Bilder in Frage: Der sogenannte **Blutmangel** bezieht sich auf eine verminderte Blutmenge, aber auch auf die dezimierte Qualität und Funktion des Blutes. Dieser Ausdruck wird in der TCM bereits bei geringer Beeinträchtigung des Blutes wie z.B. bei

Eisenmangel benützt. Ein **Yin-Mangel** beschreibt eine Verringerung der Körpersäfte und eine dadurch entstandene Substanzverminderung.

Der Zustand einer **Yin-Fülle** beinhaltet Flüssigkeits-, Schleim- und Fettansammlung im Körper.

Ursachen einer schwachen Yin-Wurzel

Mitverantwortlich ist immer auch ein Ungleichgewicht in der Yang-Wurzel. Es gibt keine Schädigung des Yin ohne eine Schwäche des Qi (Yang-Wurzel). Hauptursache für eine Schädigung des Yin sind austrocknende Faktoren. Das kann eine körperlich bedingte Austrocknung sein wie zum Beispiel ein starker Flüssigkeitsverlust durch zu viel Schwitzen (Sauna, Sport usw.) oder aber auch durch Konsum austrocknender Lebensmittel wie Kaffee und Schwarztee. Nicht zu unterschätzen ist auch die psychische Komponente. Yangige Emotionen wie beispielsweise Zorn und Stress können das Yin ebenfalls nachhaltig schwächen.

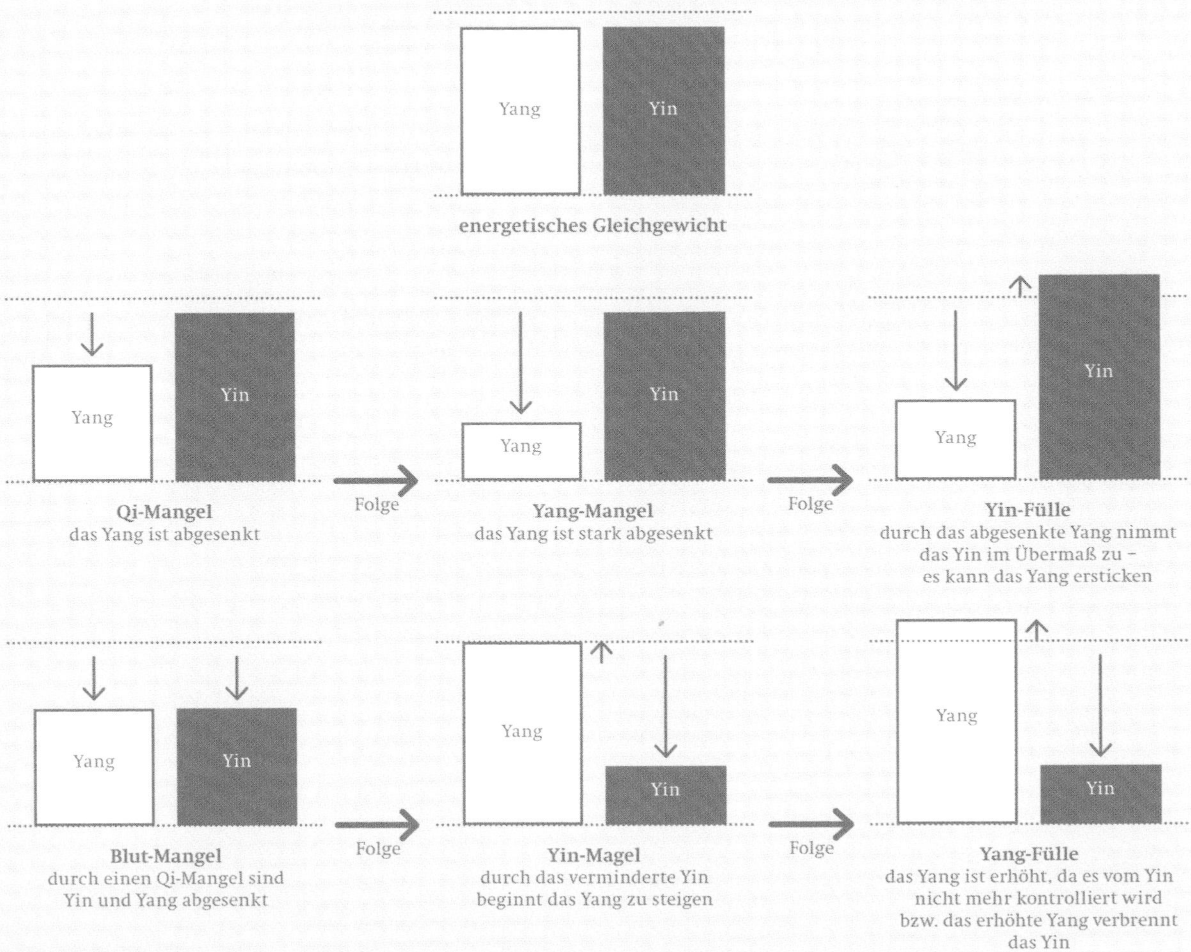

Krankheitsbilder der Yang-Wurzel

Symptome bei Qi- und Yang-Mangel

- blasses Gesicht
- Müdigkeit
- Konzentrationsschwäche
- eventuell Schwindel beim Aufstehen infolge eines niedrigen Blutdrucks
- friert leicht
- kalte Hände und Füße, Kältegefühl in den Knien, Hüften, Lenden
- Abneigung gegen Kälte, kalte Getränke und kalte Speisen
- Appetitlosigkeit
- Heißhunger auf Süßes
- Neigung zu Völlegefühl und / oder Blähungen
- breiiger Stuhl
- heller Urin
- mangelnde Libido
- Rückenschmerzen mit Besserung durch Bewegung
- Menstruation: kurze Blutung mit wenig und hellem Blut, lange Zyklen oder Ausbleiben der Menstruation
- eventuell Unfruchtbarkeit, Impotenz

Ausgleichsmöglichkeiten

- warm essen (mindestens zweimal täglich)
- Verwendung thermisch neutraler, erwärmender und wenig erhitzender Nahrungsmittel
- yangisierende Kochmethoden
- bevorzugte Geschmacksrichtung: süß, ein wenig scharf
- zu meiden: Mikrowellenkost, Tiefkühlkost, thermisch kalte Nahrungsmittel, zu viel Rohkost, Südfrüchte im Winter, bittere und saure Speisen

Symptome bei Yin-Fülle durch Qi- und Yang-Schwäche

Durch die Schwäche von Qi und Yang und die dadurch entstehende Kälteproblematik kommt es zur sogenannten **Yin-Fülle**. Zu den bereits erwähnten Symptomen (siehe Symptome bei Qi- und Yang-Mangel) können folgende hinzukommen:

- starkes Bedürfnis nach Wärme
- Schweregefühl
- langsam in der Bewegung, in der Sprache und im Denken
- Neigung zu Schwerfälligkeit und Depression
- Appetitlosigkeit
- eventuell Übelkeit
- Neigung zu Durchfall
- Wasseransammlungen in Armen, Beinen und Gesicht
- eventuell Übergewicht
- helmdruckartige Kopfschmerzen

Ausgleichsmöglichkeiten

- wie bei Qi- und Yang-Mangel
- eventuell dreimal täglich eine warme Mahlzeit
- Vorsicht mit Süßem, da es befeuchtet
- zusätzlich zu meiden: alle Milchprodukte!
- bevorzugter Geschmack: ein wenig scharf, zusätzlich etwas Bitterwarmes wie beispielsweise geröstetes Getreide, Rotwein

Krankheitsbilder der Yin-Wurzel

Symptome bei Blut- und Yin-Mangel

Durch das Fehlen von Qi und Wärme kann der Transformationsprozess, der dem Körper die Möglichkeit gibt, Blut und Säfte zu produzieren, nicht stattfinden. Dadurch kommt es zu einer Schwäche des Yin. Eine weitere Ursache kann aber auch ein Zuviel an Yang sein, welches die Säfte verbrennt. Daher finden wir als Folge von Qi- und Blutmangel die **Yang-Fülle**, die sowohl Folge als auch Ursache sein kann.

- Lichtempfindlichkeit
- trockene Augen
- schuppige Kopfhaut
- eventuell Neigung zu Muskelkrämpfen
- brüchige Fingernägel und Haare
- emotionale Unausgeglichenheit (Schreckhaftigkeit, Gereiztheit, Verletzlichkeit)
- schnelle Ermüdung bei geistiger Anstrengung
- blasses Gesicht
- trockene, schuppige Haut
- Trockenheitsverstopfung
- eventuell Ohrensausen
- Druckkopfschmerz hinter den Augen
- Schlafstörungen
- Unruhe
- Nachtschweiß
- inneres Hitzegefühl
- nachts heiße Fußsohlen
- Durst

Ausgleichsmöglichkeiten

- Verwendung von neutralen und erfrischenden Nahrungsmitteln
- wenig kalte Nahrungsmittel
- yinisierende Kochmethoden
- ausreichende Nachtruhe
- emotionale Entspannung
- Verwendung vieler grüner Gemüse
- bevorzugter Geschmack: süß, etwas sauer, etwas salzig (Algen)
- zu meiden: scharf, bitter, bitter-warm

Als Folge der fehlenden Säfte im Körper kommt es zum Überhandnehmen von Hitze; es kommt zur sogenannten **Yang-Fülle**.

Symptome bei Yang-Fülle infolge Blut- und Yin-Mangel

- rotes Gesicht
- hoher Blutdruck
- warme Hände und Füße
- Abneigung gegen Wärme
- verträgt keinen Druck, keine Einengung
- laute Stimme
- lautes Verhalten
- Neigung zu Verstopfung
- starker Appetit bis Heißhunger
- gelber, dunkler Urin
- Durst
- Schlafstörungen
- Kopfschmerzen im Schläfenbereich oder an der Schädeldecke
- eventuell Sodbrennen
- Menstruation: starke Blutung, dunkles Blut, eventuell kurzer Zyklus
- Spannungsgefühl in der Brust
- Reizbarkeit

Ausgleichsmöglichkeiten

- siehe Blut- und Yin-Mangel
- zusätzlich: sauer-kalt, scharf-kalt, scharf-erfrischend, bitter-kalt, salzig-kalt (Mineralwasser)
- erfrischende Milchprodukte
- Rohkost

- zu meiden: siehe Blut- und Yin-Mangel
- zusätzlich zu meiden: hochprozentigen Alkohol, thermisch heiße und scharfe Gewürze, Kaffee, viel Fleisch, Wurst und Geräuchertes, zu viel Salz, wenig Trinkflüssigkeit, Stress, Schlafmangel, Rauchen

Allgemeines

Leider ist es häufig nicht ganz einfach, sich einer Gruppe zuzuordnen, da die meisten von uns Mischtypen sind. Allgemein sei daher empfohlen, eine Ernährung zu wählen, die weder zu stark in die eine noch in die andere Richtung tendiert. Wenn wir den **goldenen Mittelweg** wählen, bekommt der Körper, was er braucht, und kann ein geringfügiges Ungleichgewicht nach einiger Zeit von selbst wieder regulieren. Bei schweren Störungen braucht es oft mehr Zeit zur Korrektur, eventuell hilft auch eine persönliche Ernährungsberatung.

«Mäßigkeit: Es schadet nicht, eine Tasse Kaffee oder Schwarztee zu trinken, Fleisch zu essen oder gar einen Likör zu trinken, sondern der regelmäßige, tägliche Genuss ist schädlich und doppelt schädlich für den, der erblich belastet ist.»

Weisheit der Chinesischen Medizin

AUS «2 WIRD 4»

Aus der Zweiheit von Yin und Yang wird zunächst die Vierheit von **kleinem Yang** und **großem Yang** sowie von **kleinem Yin** und **großem Yin**.

Beginnen wir nun ganz unten im Kreis, wo das **kleine Yang** langsam zu wachsen beginnt. Auf halbem Weg nach oben entsteht mehr und mehr Bewegung (= Qi) und dadurch mehr Wärme (= Yang). Praktisches Beispiel: Durch das Reiben der Hände (= Bewegung) entsteht Wärme (= Yang). Ganz oben, am Zenit, erreicht die Hitze ihren Höhepunkt, und wir sprechen vom **großen Yang**. Hitze führt zu Expansion. An der Peripherie dieser Expansion entsteht durch Kondensation wieder Abkühlung, und das Yang kippt ins Yin – es kommt zu einer weiteren Abkühlung – das **kleine Yin** ensteht und nimmt immer mehr zu. **Yin** bedeutet Abkühlung; diese führt zu Kontraktion. Am Punkt der größten Zusammenziehung sprechen wir vom sogenannten **großen Yin**. Durch die starke Kontraktion entsteht eine erhöhte Dichte des Materials, was wiederum zu verstärkter Reibung und dadurch zur Entstehung von Wärme führt. Und das ist bereits wieder der Kern des Yang, der hier im Yin liegt. Auch hier kippt das Symbol des Yin in seinem Extrem hinüber ins beginnende Yang.

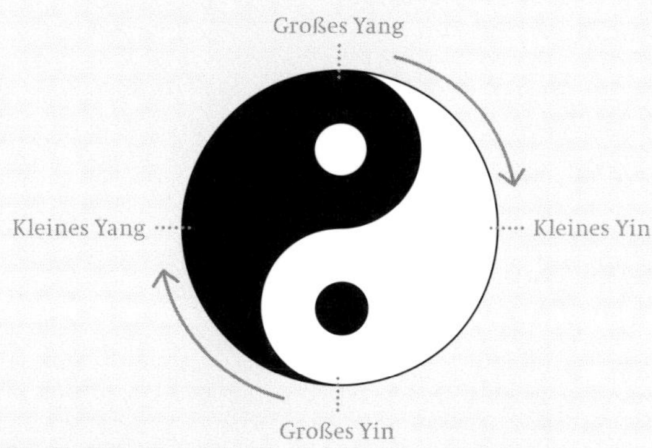

Aus «2 wird 4»

YIN UND YANG IN DEN JAHRESZEITEN

Die Zuordnung der Jahreszeiten ist einfach, wenn wir «**Aus 2 wird 4**» verstanden haben. Wo Bewegung zu Wärme führt, im **kleinen Yang**, siedeln wir den **Frühling** an. Hier kommt Bewegung in die Natur: Wind kommt, die Tage werden wieder länger, es gibt mehr Licht, der Schnee schmilzt, es wird wärmer, und die Säfte in den Pflanzen steigen nach oben. Im Gegensatz zu unserem herkömmlichen Kalender beginnt der Frühling im System der TCM nicht erst am 21. März, sondern er erreicht hier bereits seinen Höhepunkt. Jede Jahreszeit dauert 72 Tage, d.h., vom 21. März werden 36 Tage nach vorne und nach hinten gezählt, um die volle Länge des Frühlings zu bekommen. Wenn man den Frühling einmal so im Kalender einträgt und die Natur beobachtet, dann wird man bestimmt diese Veränderungen wahrnehmen. Interessanterweise gibt es zu Beginn dieser Jahreszeit, d.h. Mitte Februar, bei uns den Brauch des Blumenschenkens am Valentinstag. Er ist Zeichen des nahenden Frühlings, aber auch Zeichen der Freundschaft, die im Verständnis der TCM dem **Holz**-Element zugeordnet wird, welches wiederum das Wachstum im Frühling versinnbildlicht.

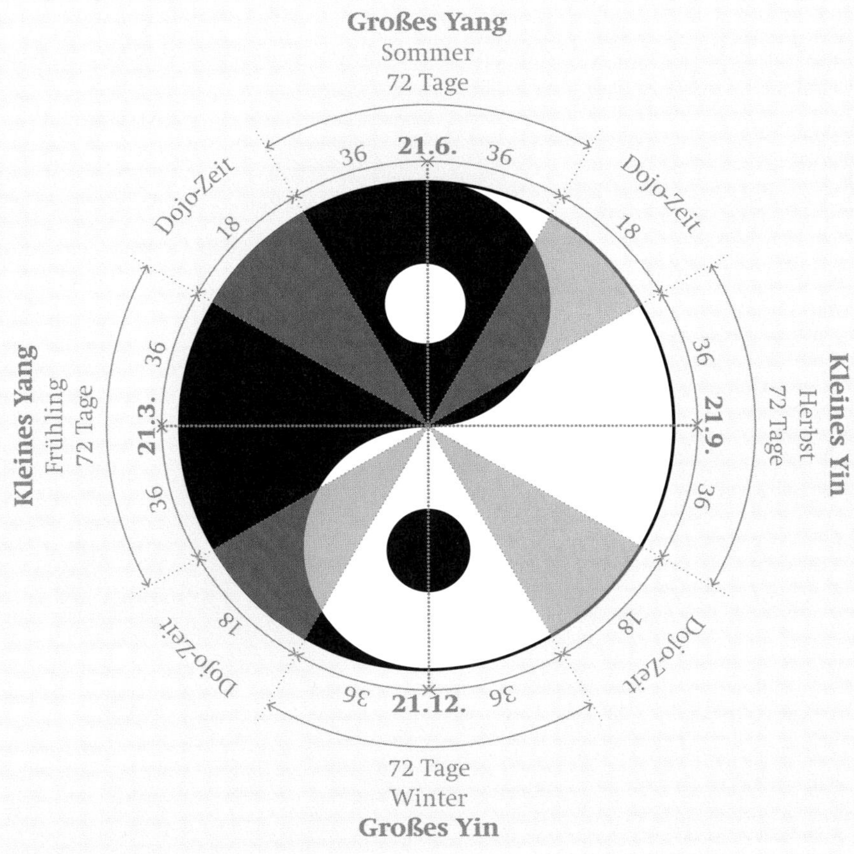

Der **Sommer** ist das **große Yang**. Es ist die Zeit der Hitze und der Expansion; die Erde ist weit und breit. Es zieht uns ins Freie, die Tage sind lang, hell und heiß. Der Höhepunkt des Sommers ist am längsten Tag zur Sommer-Sonnenwende am 21. Juni.

Der **Herbst** ist die Zeit des **kleinen Yin**. Es ist die Zeit mit dem Höhepunkt zur Sonnenwende im September. Die Natur beginnt sich wieder zurückzuziehen. Die Säfte der Pflanzen und Bäume kehren in die Erde zurück, und die Blätter werden trocken und fallen ab.

Das **große Yin**, der **Winter**, mit seinem Höhepunkt am 21. Dezember, zeigt die stärkste Zusammenziehung: Dunkelheit, wenig Tageslicht, Kälte, Passivität, Zeit der Stille, des Ruhens, der Regenerierung; Zeit des Kräftesammelns für den Neubeginn des kommenden Frühlings.

«In der Mitte der Nacht beginnt schon der nächste Tag»

Der gute Rechner hat sicher bemerkt, dass bei 4 Jahreszeiten mit je 72 Tagen noch einige Tage fehlen. Es sind dies jeweils 18 Tage, die zwischen den Jahreszeiten liegen. Das ist die sogenannte **Dojo-Zeit**, die Zeit der Mitte, in der die Energie der Elemente ausgeglichen ist, d.h., es gibt weder eine yinige noch eine yangige Tendenz. Traditionell empfiehlt sich diese Zeit als Körperreinigungszeit, d.h., man kann hier Getreidekuren machen, um den Körper von unnötigen Stoffen zu befreien und ihn auf die veränderte Ernährung der kommenden Jahreszeit vorzubereiten. Hat man im Sommer zum Ausgleich des Klimas eher erfrischend und befeuchtend gekocht, dann sollte die Restfeuchtigkeit ausgeleitet werden, bevor die yangisierenden Kochmethoden des Winters beginnen. Das Gleiche gilt für das Frühjahr, wenn wir die eher eiweißreiche und erwärmende Ernährungsweise des Winters wieder eintauschen gegen die leichtere Kost der warmen Jahreszeit.

AUS «4 WIRD 5» – DIE 5 ELEMENTE

Aufgrund von «Yin und Yang in den Jahreszeiten» können wir nun die 5 Elemente zuordnen. Das **kleine Yang** mit seiner Frühlingsenergie, die nach oben strebt, wird dem **Holz**-Element zugeordnet.

Das **große Yang** mit sommerlicher Hitze und viel Sonnenlicht gehört zum **Feuer**-Element.

Das Sich-Sammeln der Energien im **kleinen Yin** des Herbstes steht für das **Metall**-Element.

Die totale Zusammenziehung des **großen Yin**, die schließlich die Energie wieder ins Fließen bringt, wird dem **Wasser**-Element zugeordnet.

Die dazwischenliegende **Dojo-Zeit** ist die **Erde-Zeit**. Sie ist die verbindende Kraft zwischen den Elementen, aber auch der Mittelpunkt.

Diese klassische Element-Anordnung in Kreuzform zeigt sehr gut **die Wichtigkeit des alles verbindenden Erd**-Elements. Wir werden darauf zurückkommen, wenn wir das System des **Dreifachen Erwärmers** erklären.

Die Anordnung der 5 Elemente, bei denen das **Erd**-Element zwischen **Feuer** und **Metall** rutscht, hat mit dem sogenannten **Fütterungszyklus** zu tun. Er macht verständlich, wie sich die einzelnen Elemente gegenseitig nähren beziehungsweise Krankheitsbilder entstehen können.

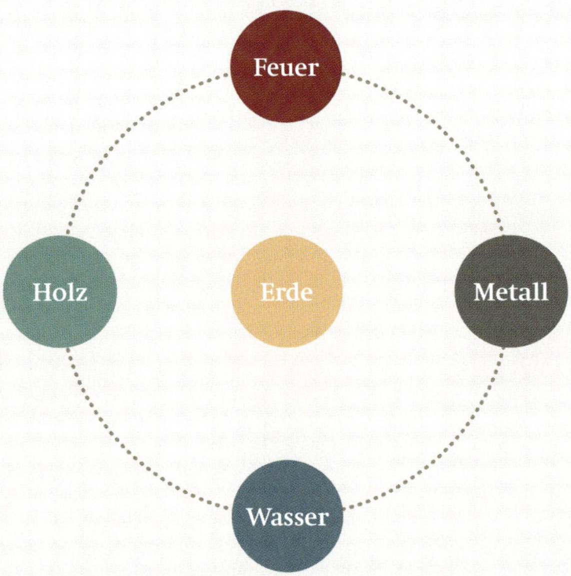

5 Elemente

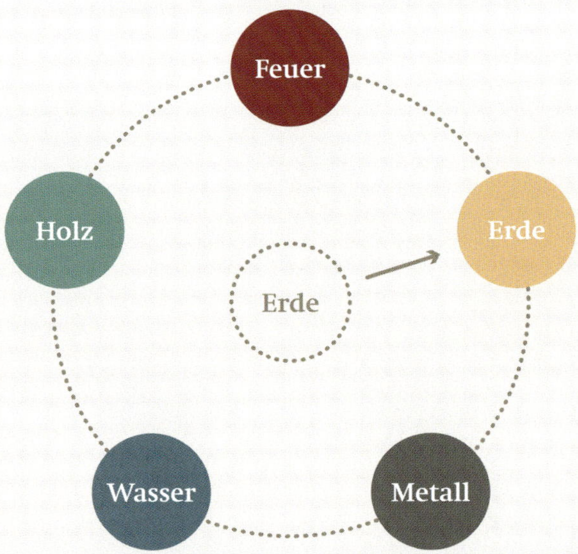

Aus «4 wird 5»

DER FÜTTERUNGSZYKLUS

Die TCM kennt 5 Zyklen, mit denen sie in Diagnostik und Therapie arbeitet. Nachdem sich dieses Buch hauptsächlich mit der Ernährung befasst, werden wir uns lediglich mit dem Fütterungszyklus beschäftigen, der dafür maßgeblich ist. Es ist jener Zyklus, der uns zeigt, wie die Energie im Körper zirkuliert. Und genau dieses Muster verwenden wir auch beim Kochen, wenn wir eine größtmögliche Harmonie in unsere Mahlzeiten bringen wollen.

Kochen im Fütterungszyklus heißt: Wir kochen im Uhrzeigersinn und fügen alle Zutaten, die wir vorher den jeweiligen Elementen zugeordnet haben, in dieser Reihenfolge der Speise bei. Dabei darf kein Element ausgelassen oder übersprungen werden. Mehr im Kapitel «Praxisteil/Einführung/Kochen mit den 5 Elementen».

Holz nährt das **Feuer**
Feuer (Asche) nährt (wird zu) **Erde**
Erde kristallisiert und wird zu **Metall**
Metall (Mineralien) belebt das **Wasser**
Wasser nährt das **Holz**

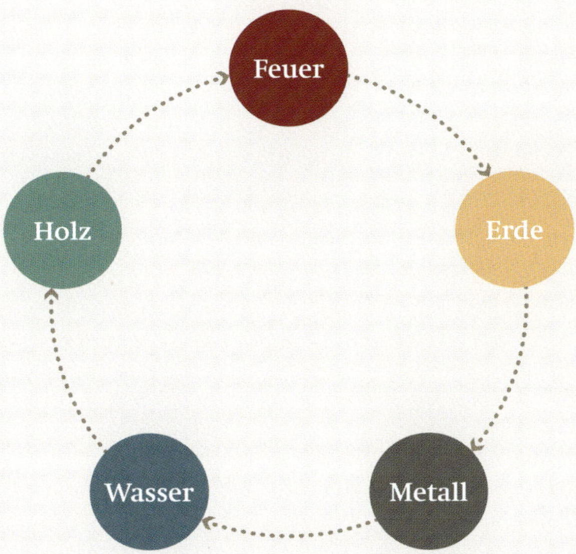

DIE EINZELNEN ELEMENTE

Das Holz-Element

Es ist das **kleine Yang** im **Yin-/Yang**-Symbol. Das **Holz**-Element drückt sich durch die zunehmende und sich nach oben bewegende Energie aus. Es steht für **Wachstum**, **Bewegung** und **Lebendigkeit**. Bioklimatisch finden wir diese Energieform vor allem im **Frühling**, daher ist diese Jahreszeit mit Wind und dem schnellen Wachstum in der Natur dem **Holz**-Element zugeordnet. Auch der «Frühling des Lebens», unsere **Kindheit**, gehört hierher. Die Farbe des Elementes ist **Grün**. Daher kann man auch alles Grüne wie grünes Gemüse (Brokkoli, Spinat usw.) entsprechend der Farbe dem **Holz**-Element zuordnen.

Die **Organe** des **Holz**-Elements sind die **Leber** als Yin-Organ und die **Gallenblase** als Yang-Organ. So hat jedes Element in sich auch einen Yin- und einen Yang-Anteil, die sich ergänzen und ausgleichen. Leber und Gallenblase sind zuständig für die Versorgung von Muskeln und Sehnen, sie sind verantwortlich für deren Spannkraft und versorgen die Augen als das dem Element zugeordnete Sinnesorgan. Bei Fehlfunktion dieses Elements kann es zu einer Unterversorgung von Muskeln und Sehnen kommen, was sich zum Beispiel in schmerzhaften Spannungszuständen und Gelenkproblemen zeigen oder sich in Augenproblemen wie Lichtempfindlichkeit, Trockenheit und Rötung äußern kann.

Die **psychologischen Aspekte** dieses Elements sind Geduld, Flexibilität und Toleranz im positiven Sinn und Eifersucht, Ärger, Ungeduld und Zorn im negativen Sinn. Besonders der Zorn ist eine sehr yangige Emotion und kann durch die dadurch entstehende Hitze das Yin sehr stark schädigen. Zorn macht uns oft laut und wild: Die Leberenergie drängt nach oben, was zu einem roten Kopf, rot unterlaufenen Augen und Kopfweh führen kann. Wir alle kennen die Redewendung, wenn jemand aufbrausend ist: «Was ist dir denn über die Leber gekrochen?»

木

Holz

Äußere Ursachen, welche zur Schädigung des Holz-Elements führen: zu viel Chemie in Nahrungsmitteln (künstliche Aromastoffe und künstliche Vitamine, Konservierungsmittel, Bindemittel usw.), in Einrichtungsgegenständen, in synthetischen Duftölen, häufiger und langer Aufenthalt in Räumen mit Klimaanlage, Neonlicht, Kopiergeräten (Ozon) und Computer.

Spaziergang im Grünen, Grünes auf dem Teller und Kräutertherapie sind Dinge, die unsere Leber entspannen. Aber Vorsicht mit dem Wind im Frühling! Gerade dieser bioklimatische Faktor kann dem Körper gefährlich werden, da er die Fähigkeit hat, über die Meridiane in den Körper einzudringen und die Säfte zu erschöpfen, was zu Muskelverspannungen wie Hexenschuss führen kann.

Wie die Natur im Frühling Platz für ihr Wachstum braucht, benötigt auch die Leber für ihre Arbeit viel Raum. Die Leber ist das Organ im Körper, welches absolut keinen Druck verträgt. Sie liebt es, sich entfalten zu können – nur dann ist sie entspannt. Jede Art von Druck und Einschränkung führt über kurz oder lang zu Leberproblemen. Sie können sich entweder in Form ständiger Anspannung seelischer oder körperlicher Natur (beispielsweise Schulter- und Nackenverspannungen) und Gereiztheit oder in Frust und Depression zeigen.

Geistige Entspannungsübungen wie Autogenes Training, Meditation, Tai Chi und Chi Gong können hier sehr hilfreich sein.

Der «Botschafts»-Geschmack (Geschmack, der dieses Element direkt anspricht beziehungsweise bei Verlangen oder Abneigung danach auf eine Leere/Fülle hinweist = Botschaftsüberbringer) des Holz-Elements ist **Sauer**. Sauer wirkt zusammenziehend und bringt die Energie nach innen und unten. Die dem Holz-Element zugeordneten Lebensmittel haben meist einen sauren Geschmack. Einige jedoch schmecken nicht sauer, so z.B. das Huhn oder der Weizen, und sind doch in diesem Element. Das hat mit ihrer speziellen Meridianwirkung auf die Organe des jeweiligen Elements zu tun. Außerdem kann man Lebensmittel auch nach ihrer Farbe zuordnen. Alle grünen Gemüse und Früchte haben einen Bezug zum Holz-Element.

Das Feuer-Element

Das **große Yang** zeichnet sich durch Hitze und Helligkeit aus. Es ist jahreszeitlich der **Sommer**, die Zeit des Reifens.

Zugeordnete Organe sind das **Herz** als Yin-Organ und der **Dünndarm** als Yang-Organ. Außerdem befinden sich in diesem Element auch noch zwei weitere Funktionskreise, nämlich der **Kreislauf** und der **Dreifache Erwärmer**. Das Herz ist das Kaiserorgan unseres Körpers! Alle andern Organe haben die Aufgabe (wie in einem kleinen Staat), den Kaiser zu schützen. Daher ist das Herz auch das einzige Organ unseres Körpers, welches eigentlich keinen Krebs bekommt. Das Herz ist auch der Sitz des sogenannten SHEN, des geistigen Aspekts des Feuer-Elements. Es ist dies unsere Klarheit, unser **Geist**-Potenzial. Eine Fehlfunktion des Feuer-Elements kann sich daher unter anderem auch im geistigen Bereich mit Verwirrung und Gedächtnisstörungen ausdrücken.

火

Feuer

Das Feuer-Element steht in unserem Leben auch für die **Jugendzeit**, die Jugend, die wissbegierig ist und ihren Weg sucht. Neugierde, Wissensdurst, Lernen und geistiges Wachstum sind Dinge, die das Feuer am Leben halten. Die echte, wahre Freude ist die Freude der geistigen Erkenntnis. Im Gegensatz dazu ist die Trauer eine störende Emotion, die das Feuer-Element schwächt, Trauer beim Fehlen von Erkenntnissen und bei grundlegendem Unwissen. (Nicht zu verwechseln mit der Trauer des **Metall**-Elements! – siehe dort.)

Vorsicht! Auch zu viel geistige Anstrengung (Studium, viel lesen und lernen) kann das Feuer-Element schwächen, da es die Säfte erschöpft.

Der «Botschafts»-Geschmack des Feuer-Elements ist **Bitter**. Er bringt die Energie nach unten und trocknet aus.

Das Erd-Element

Die Erde gilt als **Zentrum**, als **Mitte**, die **alles zusammenhält**. Im Erd-Element sind Yin und Yang ausgeglichen. Im Kreislauf der Wandlungsphasen der 5 Elemente steht sie zwischen **Feuer** und **Metall**.

Bioklimatisch ist es die Zeit des **Spätsommers**, die Zeit der Ernte. In unserem Leben ist es die Zeit des **mittleren Alters**. Die Ausbildung ist abgeschlossen, wir setzen das Gelernte im Beruf um, wir stehen mit beiden Beinen im Leben. Stabilität gibt Sicherheit, und wir haben den Wunsch, eine Familie zu gründen.

Die zugeordneten Organe sind **Milz** und **Bauchspeicheldrüse** als Yin-Organe und der **Magen** als Yang-Organ. Der Magen hat die Aufgabe, Qi und Flüssigkeit aus der Nahrung zu extrahieren. Die Milz ist für die Verteilung dieser Substanzen im Körper zuständig. Das Erd-Element kontrolliert das Bindegewebe und das Muskelfleisch. Es benötigt Qi und Wärme, um seiner Transformationsfähigkeit nachkommen zu können, bei der verbrauchte Flüssigkeit aus dem Körper ausgeschieden und frische Säfte dem Organismus zugeführt werden. Bei Fehlfunktion wird im Körper vorhandene alte Feuchtigkeit nicht ausgeleitet, sondern eingelagert. Ödeme, Gewichtszunahme und Cellulite können die Folge sein.

土

Erde

Ursachen einer Fehlfunktion können falsche Ernährung, Tiefkühl- und Mikrowellenkost sein. Als körperlicher Faktor kommt zu viel Sitzen und als psychischer Faktor zu viel Grübeln und Selbstzweifel in Frage.

Ein starkes Erd-Element zeigt sich allgemein in einer guten körperlichen Verfassung und auf psychischer Ebene in Ausgeglichenheit, klarem, rationalem Denken und in einer guten Konzentrationsfähigkeit.

Die Farbe des Erd-Elements ist das sonnige **Gelb** von reifen Getreidefeldern.

Der «Botschafts»-Geschmack ist **Süß**. Süß befeuchtet den Körper und hebt das Qi.

Das Metall-Element

Das Metall-Element symbolisiert die Zeit der **Sammlung**. Seine Jahreszeit ist der **Herbst**, die Zeit des **kleinen Yin**. Die Energien beginnen sich zurückzuziehen, alles bereitet sich auf die große Ruhe des Winters vor. Das Zusammenziehen der Energie führt zu Verfestigung und Trockenheit. In unserem Leben ist die Metall-Zeit die Zeit des Alterns. Die Säfteversorgung nimmt ab, die Haut wird trocken und faltig.

Die zugeordneten Organe sind die **Lunge** als Yin-Organ und der **Dickdarm** als Yang-Organ. Sie kontrollieren die **Haut** als äußeres Organ. Sowohl Haut als auch Lunge und Dickdarm sind besonders gefährdet durch zu große Trockenheit, sei es bioklimatisch durch Wind oder durch bittere und damit austrocknende Faktoren wie zum Beispiel das Rauchen oder Genussmittel wie Kaffee und Schwarztee.

Das Metall-Element stellt unsere Verbindung zu unserer Umgebung dar, einerseits durch die Haut als direkte Abgrenzung unseres Selbst zur Außenwelt und anderseits auf immaterieller Ebene über die Lungen durch das Atmen. Unser Vertrauen in diese Umgebung, das Ur-Vertrauen in den Raum, der uns und alles enthält, die Fähigkeit, sich darin wohlzufühlen, stärkt das Metall-Element.

金

Metall

Dieses Element hat auch mit Zukunft zu tun, denn hier sitzt unser Überlebenswille; hier haben alle Reflexe und Instinkte ihren Platz. Hier entscheidet der Körper, ob er leben oder sterben will.

Besonders psychische Unausgeglichenheit wie Unsicherheit, Angst und Sorgen um die Zukunft, Trauer um Verlorenes (Menschen, Heimat usw.), existentielle Sorgen sind Dinge, die das Metall-Element schwächen und sich in Haut-, Lungen- oder Dickdarmbeschwerden manifestieren können. Da die Lunge auch zuständig ist für die Verteilung des Qi an der Hautoberfläche, welches die Abwehrkraft beinhaltet, führt eine Schwächung des Metall-Elements oft zu einer Immunschwäche mit Anfälligkeit für Infektionskrankheiten. Ein starkes Metall-Element zeigt sich in einer robusten Immunität, Durchsetzungsvermögen, Sinn für Gerechtigkeit und starkem Überlebenswillen.

Körperlich geschädigt wird das Metall-Element durch die schon erwähnten Faktoren, aber auch durch zu langes Liegen, da in diesem Fall das Qi nicht mehr optimal zirkulieren kann und es zur Erkrankung der Lunge kommt. Ein bekanntes Beispiel ist die sich entwickelnde (oft lebensbedrohliche) Lungenentzündung bei alten Menschen, wenn sie zu lange das Bett hüten müssen.

Der Geschmack des Metall-Elements ist der **scharfe** Geschmack. Er hat eine zerstreuende Wirkung und kann Blockaden lösen.

Das Wasser-Element

Das **große Yin**, das Wasser-Element, versinnbildlicht den **Winter**. Durch die herrschende Kälte ist der Yang-Aspekt des Körpers gefährdet. Der Winter ist die kälteste und dunkelste Zeit des Jahres, die Zeit der Passivität, der höchsten Konzentration, der Auflösung einerseits und des Sich-Sammelns für den Neubeginn anderseits.

水

Wasser

Der Winter ist die Zeit des Todes und der Geburt, von Anfang und Ende. In der Erde machen sich die Samen bereit zum Keimen.

In den Organen des Wasser-Elements, der **Niere** als Yin-Organ und der **Blase** als Yang-Organ, liegt der Ursprung unseres Seins, die Fruchtbarkeit. Die Nieren sind Speicher unserer Lebensenergie. Es gibt die vorgeburtliche Nierenenergie (Jing und Yuan-Qi), welche wir von unseren Eltern mitbekommen, und die nachgeburtliche Energie, die aus Atmung und Nahrung aufgebaut wird. Die vorgeburtliche Essenz kann nicht wiederaufgefüllt werden. Sie ist vergleichbar mit einem Geldkonto, mit dem wir auf die Welt kommen und von dem wir, bei sparsamem Haushalten, lange zehren können. Die vorgeburtliche Essenz erschöpft sich natürlicherweise durch den Alterungsprozess. Bei schlechter, unvernünftiger Lebensweise verbraucht sie sich schon früher. Wir können uns vor einer vorzeitigen Erschöpfung schützen, wenn wir ein gutes nachgeburtliches Qi aufbauen. Mehr dazu im Kapitel «Dreifacher Erwärmer». Die Nieren kontrollieren Fruchtbarkeit, Gehirn, Knochenmark, Gelenke, Zähne und Kopfhaare. Eine Schwächung dieser Energie, zum Beispiel bei Schwangerschaft oder im Alter, kann zum Verlust von Zähnen, Haaren oder zu Osteoporose führen.

Dem Wasser-Element ist der **salzige** Geschmack zugeordnet.

Aus psychologischer Sicht ist vor allem die Angst eine das Wasser-Element schwächende und der Mut eine das Element stärkende Emotion. Angst lässt «unsere Knie (Gelenke) weich werden» oder Kinder in die Hosen pinkeln (die Nieren können ihre adstringierende Funktion nicht mehr erfüllen).

In unserer Lebensspanne steht das Wasser-Element für das **hohe Alter** und den **Tod**, aber auch für den Zeitpunkt der **Geburt**, wo neues Leben entsteht. Im Alter nimmt die Nieren-Energie ab. Zähne und Haare fallen aus, die Knochen werden brüchig, die Haut trocknet aus und wird faltig, die Haare verlieren ihre ursprüngliche Farbe, da sie nicht mehr so gut versorgt werden. Dieser körperliche Zerfall beinhaltet aber auch spirituelle Entwicklungsmöglichkeiten, da wir mit der materiellen Auflösung unseres Ichs konfrontiert werden und zugleich jedoch auch die Kraft unseres geistigen Ichs erfahren können. Wir haben unser Leben gelebt, die Vergänglichkeit aller Dinge erkannt und sind dadurch weise und gelassen geworden. In der Weisheit des Alters erkennen wir den ewigen Kreislauf des Lebens – des Kommens und des Gehens, des Erblühens und des Verwelkens, des Wachstums und des Zerfalls – das ewige Spiel der Polaritäten von Yin und Yang.

DIE ELEMENTE UND DIE ZUGEORDNETEN ASPEKTE

Element	Holz	Feuer	Erde	Metall	Wasser
Yin-Organe	Leber	Herz	Milz	Lunge	Nieren
Yang-Organe	Gallenblase	Dünndarm	Magen	Dickdarm	Blase
Sinnesorgane	Augen	Zunge	Mund	Nase	Ohren
Sinn	sehen	sprechen	schmecken	riechen	hören
Körperstruktur	Muskeln Sehnen	Blutgefäße	Bindegewebe Muskelfleisch	Haut	Zähne Gelenke Knochenmark Knochen Gehirn
Bewegung	nach oben sich entfaltend aufsteigend	nach oben sich ausdehnend	ausgleichend	nach unten sammelnd	nach innen zusammenziehend
Schädigung	zu viel laufen	zu viel lesen	zu viel sitzen	zu viel liegen	zu viel stehen
Farbe	grün türkis	rot rosa	gelb gold braun	weiß silber grau	dunkelblau schwarz
Geschmack	sauer	bitter	süß	scharf	salzig
Emotionen	Geduld Toleranz Zorn Gereizheit Eifersucht	Eifersucht Freude Begierde Verwirrung	Ratio Vernunft Grübeln	Gerechtgkeit Mitgefühl Trauer	Mut Furchtlosigkeit Bescheidenheit Angst
Kohlehydrate	Weizen Dinkel	Roggen Buchweizen	Mais Hirse alle Getreide	Hafer	Hülsenfrüchte
Tierisches Eiweiß	Geflügel	Ziege Lamm	Rind	Pferd Wild	Schwein
Gemüse/Algen	Kräuter schnell wachsendes Gemüse grünes Gemüse	rotes Gemüse Pflanzen mit langem Wachstum	gelbes Gemüse runde Formen	weißes Gemüse Wurzelgemüse	Algen Lagergemüse
Jahreszeit	Frühling	Sommer	Spätsommer	Herbst	Winter
Bioklimatischer Einfluss	Wind	Hitze	Feuchtigkeit	Trockenheit	Kälte
Lebensstufe	Kind	Jugendlicher	Erwachsener	Senior	Geburt Tod
Himmelsrichtung	Ost	Süd	Mitte	West	Nord

THERMISCHE EIGENSCHAFTEN DER NAHRUNGSMITTEL

Zahlreiche Nahrungsmittel haben die Fähigkeit, das Klima auszugleichen, in dem sie wachsen. Nahrungsmittel wie z.B. Südfrüchte, die in einem sehr heißen Klima (=Yang) wachsen, sind in ihrer thermischen Wirkung kalt (=Yin). Mit ihrer kühlenden Wirkung helfen sie den Menschen in dieser Gegend, die Hitze auszugleichen. Sie leiten innere Hitzezustände aus. Es ist deshalb völlig unsinnig, in einer Yin-Jahreszeit wie dem Winter, wenn wir gegen äußere Kälte zu kämpfen haben, Südfrüchte zu essen. Sie kühlen unseren Körper ab, leiten die Energie nach unten, schwächen unsere Abwehr und machen uns empfänglich für eindringende Kälte. Richtig ist, in der kalten Jahreszeit Nahrungsmittel zu essen, die in ihrer Natur Yang verkörpern, d.h. dem Körper Wärme zuführen, um ihn widerstandsfähiger gegen die bioklimatische Kälte zu machen.

Das Missverständnis in Sachen Südfrüchten, die im Winter für uns so gesund sein sollen, geht wahrscheinlich viele Jahre zurück, als Wissenschaftler herausfanden, dass der Organismus bei Grippe extrem viel Vitamin C verbraucht. Die Fachleute gingen davon aus, dass durch vermehrte Einnahme von Vitamin C das Immunsystem gestärkt werden könne. Das stimmt leider nur bedingt! Es stellt sich die Frage, wann der Körper besonders viel Vitamin C braucht. Und welche Form von Vitamin C ist gefragt? Wie schon erwähnt, sind Südfrüchte thermisch sehr kalt. Haben wir nun bereits eine Grippe und Fieber, dann helfen die hitzeausleitenden Südfrüchte, unseren Körper abzukühlen und bringen uns damit Erleichterung. Geht es jedoch darum, unseren Körper auch im Winter, wenn wir weniger Obst und Salat essen als im Sommer, mit den notwendigen Vitaminen zu versorgen, dann sind die Südfrüchte nicht die beste Wahl. Die schlechteste Variante der Vitaminzufuhr ist der Griff zu synthetisch hergestellten Vitaminen (generell), die von jeglichen Nahrungsmitteln losgelöst dem Körper zugeführt werden. Interessanterweise unterscheidet sich deren Wirkung erwiesenermaßen von denjenigen natürlichen Ursprungs. Die zweitschlechteste Wahl zur Deckung des Vitaminbedarfs im Winter sind Zitrusfrüchte in großen Mengen. Die beste Variante ist meistens die einfachste: in jeder Jahreszeit die Dinge zu verwenden, welche die Natur in dieser Zeit in unserer Gegend für uns bereithält. Diese Lebensmittel enthalten alles, was wir brauchen!

Winterliche Vitamin-C-Lieferanten sind unter anderem Petersilie, Rosenkohl, Hagebutten und Meerrettich. Sie sind thermisch nicht so kalt wie Südfrüchte und helfen, unseren Körper im Gleichgewicht zu halten.

Abschließend sei aber doch noch erwähnt, dass bei einer gesunden Lebensführung und guter körperlicher Verfassung nichts gegen eine Orange oder Mandarine ab und zu um die Weihnachtszeit einzuwenden ist! Was zählt, ist die Menge!

Viele Kulturen wissen um die thermische Wirkung der Nahrungsmittel. Auch bei uns wurde früher schon immer bei Fieber der thermisch kalte Lindenblütentee mit Zitrone verabreicht. Er hilft dank seiner schweißtreibenden Wirkung, die im Körper entstandene Hitze über die Haut auszuleiten. Ein weiteres Beispiel ist die Verwendung thermisch heißer Gewürze während der Wintermonate. Glühwein und Weihnachtsgebäck wie Lebkuchen werden mit entsprechenden Gewürzen (Zimt, Gewürznelke, Sternanis usw.) aromatisiert. Wir haben eigentlich nur im Winter wirklich Lust auf diese Dinge.

Auch die Nordafrikaner trinken ihren Tee nicht, damit ihnen warm wird. Sie trinken heißen Tee, vorzugsweise Minze, weil er den Körper weniger belastet als ein eiskaltes Getränk (geringerer Temperaturunterschied zur Außentemperatur). Außerdem kühlt Minze die Lungen und hilft damit bei yangiger Wüstenhitze. Zusätzlich wird der Tee noch stark gesüßt, was den Körper befeuchtet und so einen guten Ausgleich zum trockenen Wüstenklima darstellt. Ist doch optimal, nicht wahr?!

Wenn wir nur ein wenig nach innen horchen, dann sagt uns der Körper, was er braucht. Im Winter, wenn es draußen kalt ist, haben wir Lust auf dicke, nahrhafte Suppen, auf Aufläufe und Eintöpfe mit vielen Gewürzen. Im Sommer haben wir mehr Verlangen nach erfrischenden Salaten, säuerlichem Kompott und kühlen Speisen.

Jedes Ding zu seiner Zeit, das ist wohl das Geheimnis einer gesunden Ernährung!

Thermisch kalte Nahrungsmittel

In diese Gruppe gehören Südfrüchte (Orange, Zitrone, Ananas, Banane, Kiwi usw.), Tomate, Gurke und Mineralwässer. Sie kühlen den Körper sehr stark ab und sollten daher nur in kleinen Mengen und in der heißen Jahreszeit konsumiert werden. Im Winter sind sie eher zu meiden und im Herbst zu reduzieren. Ein Zuviel schädigt das Qi und das Yang des Körpers und führt zu einer Kältesymptomatik (siehe dort). Bei Südfrüchten wäre noch zu erwähnen, dass der Grad der Abkühlung davon abhängt, wo sie gewachsen sind. Je heißer das Klima, desto stärker die Kältewirkung. So hat zum Beispiel eine Orange aus Afrika eine größere Kältewirkung als eine Frucht aus Sizilien. Eine Kiwi aus der Bodenseeregion ist nicht so kalt wie eine aus Neuseeland.

Thermisch kalt sind genau genommen auch tiefgekühlte Nahrungsmittel. Durch den Gefrierprozess werden die Zellwände gesprengt und das Qi des Lebensmittels wird zerstört. Damit hat es eigentlich das Recht auf die Bezeichnung «Lebensmittel» verloren. Durch den Qi-Verlust ist es für den Körper nicht mehr als lebendiges Nahrungsmittel erkennbar, es stellt daher eher eine Belastung dar, da es schwer verdaulich ist. Kalte Nahrungsmittel führen wegen der Abkühlung des Körpers zu einer verlangsamten Darmpassage, was zu verstärkter Fäulnisbildung und damit zu einer vermehrten körperlichen Belastung führt.

Thermisch erfrischende Nahrungsmittel

Zu dieser Gruppe zählen die meisten Gemüse, sauer vergorene Milchprodukte, einheimische Früchte und Salate. Sie helfen uns, die Säfte des Körpers zu ergänzen. Bei guter Gesundheit kann man sie das ganze Jahr essen. Ein Zuviel führt allerdings zu Qi- und Yang-Mangel. Daher sollten sie besonders in der kühleren Jahreszeit zurückhaltend beziehungsweise nur gekocht verwendet werden.

Im Sommer jedoch bei hoher Außentemperatur helfen sie uns, die durch das Schwitzen verlorenen Säfte wieder aufzubauen.

Neutrale Nahrungsmittel

Viele Gemüse des Erd-Elements (insbesondere die gelben) und alle Vollkorngetreide sind eine Quelle des Qi, da sie ausgeglichen sind und den Körper harmonisieren. Vor allem das Getreide hilft, den Körper zu reinigen, indem toxische Ablagerungen von Fleisch- und Milchprodukten ausgeschieden werden.

Das Getreide ist das Vollwertigste, was wir als Nahrung haben, da in jedem Korn die gesamte Information der Pflanze enthalten ist – es handelt sich sozusagen um «geballtes Qi». Getreidekörner aus ägyptischen Grabkammern haben auch nach 4000 Jahren noch zu keimen begonnen, als man sie mit Wasser begoss. Zum Getreide ist zu bemerken, dass es gekocht verwendet werden sollte und gut gekaut werden muss; nur bei guter Einspeichelung kann es optimal verdaut werden. Die Kohlehydratverdauung beginnt im Mund!

Rohes Getreide wird in der TCM nicht unbedingt empfohlen, da es schwer verdaulich ist. Wer jedoch über eine Flockenquetsche verfügt, kann ab und zu frisch gequetschte Getreidekörner (Hafer, Dinkel, Weizen) verwenden, da sie viele wertvolle Nährstoffe enthalten. Flocken sollten dabei immer frisch zubereitet werden, da das gequetschte Korn leicht Schimmel ansetzt. Wichtig ist dabei aber wirklich die Selbstbeobachtung: Fühlt man sich nach so einer Mahlzeit fit oder eher schlapp. Bei Letzterem sollte man wieder zur gekochten Version wechseln.

Thermisch warme Nahrungsmittel

Dazu zählen fast alle getrockneten Kräuter und Gewürze, einige Fisch- und Fleischarten und einige Gemüse. Sie sollten ganzjährig verwendet werden. Reduziert werden sie bei inneren Hitzezuständen und im Sommer, wenn es draußen ohnehin warm ist.

Thermisch heiße Nahrungsmittel

Lammfleisch und scharfe Gewürze gehören unter anderem in diese Gruppe. Sie sollten in kleinen Mengen verwendet werden, da sie innere Hitze auslösen können. Im Winter helfen sie, den Körper gegen die Kälte zu schützen, da sie das Qi und das Yang tonisieren. Auch hochprozentiger Alkohol (z.B. Cognac) ist sehr yangig.

Die Verwendung heißer Nahrungsmittel und yangiger Kochmethoden sei besonders Vegetariern empfohlen, da sie auf die yangisierende Wirkung von Fleisch verzichten. In der traditionellen Küche (mit Fleisch) sollten viele scharfe Gewürze und yangisierende Kochmethoden wie scharfes Anbraten nur sporadisch eingesetzt werden. Generell sollten erwärmende, neutrale und erfrischende Nahrungsmittel etwa zu gleichen Teilen auf dem Speisezettel vertreten sein.

KOCHEN MIT DEN JAHRESZEITEN

Frühling

Im Frühling, wenn sich das Qi in der Natur hebt, gibt es wieder viel frisches grünes Gemüse und Kräuter, die nun vermehrt auf unseren Speisezettel kommen sollten. Sie bringen das Qi in Bewegung und bauen Blut und Säfte auf.

Der Frühling ist Neuanfang, er kommt mit viel Bewegung. Auch unser Körper will diese Energie leben und leicht wie der Frühlingswind sein. Nach dem Winter fühlen wir uns oft träge durch das viele üppige Essen mit einem hohen Anteil an tierischem Fett und Eiweiß. Die Erhöhung des Getreideanteils in der täglichen Ernährung hilft dem Körper, sich zu reinigen und die Schlacken aus dem Körper zu schaffen. Besonders Weizen, Dinkel und Grünkern haben eine gute Wirkung auf die Organe des Holz-Elementes und helfen, diese zu entgiften und zu erfrischen.

Sommer

Im Sommer, wenn die Hitze zunimmt, brauchen wir mehr Erfrischendes. Der Anteil an Rohkost, Früchten und Salaten kann erhöht werden. Leicht säuerliche Kompotte und Früchtetees schützen den Körper vor zu viel Flüssigkeitsverlust infolge Schwitzens. Gedämpftes und knackig gedünstetes Gemüse und Getreide bestimmen unsere Mahlzeiten. Wir essen weniger Fleisch und geben leichten Fischgerichten den Vorzug.

Spätsommer

Der Spätsommer, die Zeit der Ernte, bringt uns viel süßes gelbes Gemüse, das besonders die Organe Milz und Magen harmonisiert.

Reifes Obst, Gemüsesuppen, Salate, Maiskolben und erste Kürbisse stärken und erfrischen unseren Organismus. Sie helfen, den Körper ins Gleichgewicht zu bringen, hin zum Wechsel, zu den Yin-Jahreszeiten.

Herbst

Mit dem Herbst kommt die Zeit der Trockenheit. Die erfrischenden, thermisch kalten Nahrungsmittel des Sommers haben viel Feuchtigkeit in unseren Körper gebracht, die wieder ausgeschieden werden sollte. Ansonsten könnte sie sich in Verbindung mit den erwärmenden Kochmethoden des Winters in Feuchte-Hitze-Zustände wandeln.

Das Herbstgetreide ist der Reis. Er hilft uns, diese Feuchtigkeit auszuscheiden. An ein paar Tagen hintereinander nur Rundkorn-Vollkornreis (ohne Salz) zu essen, hat sich als gute Reinigungsmethode bewährt.

Die erfrischenden Nahrungsmittel des Sommers werden nun im Herbst durch warme ersetzt. Wir aromatisieren wieder mehr mit erwärmenden Gewürzen. Der scharfe Geschmack des Metall-Elementes findet sich in vielen weißen Gemüsen, die jetzt reif sind: Winterrettich, Blumenkohl, Meerrettich und andere. Sie helfen auch, Staus zu lösen und die Energie in Bewegung zu halten. Außerdem hat der scharfe Geschmack eine yangisierende Wirkung. Wir bekommen im Herbst auch wieder Lust auf langgekochte Suppen und Gemüse.

Winter

Mit zunehmender Kälte des Winters haben wir wieder mehr Appetit auf üppige Mahlzeiten, auf Eintöpfe und Aufläufe, auf das Kochen mit vielen Gewürzen. Alles gute Mittel, um unseren Körper zu wärmen und gegen Kälte zu schützen.

Jetzt ist die Zeit der Lagergemüse, die alle wärmend sind: Knollensellerie, Kabis/Kohl, Karotten, Zwiebeln, Lauch.

Das Getreide kann kurz trocken geröstet werden, um es zu yangisieren. Besonders gut im Winter sind auch der thermisch warme Hafer und Hülsenfrüchte.

DIE GESCHMACKSARTEN

Botschafts-Geschmack und Element-Geschmack

Wir unterscheiden zwischen Element-Geschmack, der das Element in seiner Bewegung unterstützt (Holz = Bewegung nach oben), und Botschafts-Geschmack, der bei verstärktem Verlangen danach (süß = Schwäche des Erd-Elements) oder bei Abneigung (= Fülle)

1 ein Ungleichgewicht anzeigen kann,
2 die Element-Bewegung kontrollieren kann,
3 das Element direkt anspricht und deshalb beim Kochen im Zyklus und in der Kräutertherapie als Kurier/Botschafter verwendet wird.

Sauer

Das ist der Geschmack des Holz-Elements. Sauer bringt die Energie nach innen und unten, d.h., es wirkt zusammenziehend und bindet Energie. Da der saure Geschmack eine direkte Wirkung auf das Holz-Element hat, werden Kräuter-Rezepturen, welche die Leber ansprechen sollen, oft säuerlich zubereitet.

Thermisch gesehen hat der saure Geschmack meistens eine erfrischende Wirkung (lediglich Essig ist sauer-warm). Durch seine adstringierende Wirkung hilft er schon in kleinen Mengen, den Körper vor Flüssigkeitsverlust zu bewahren, zum Beispiel beim Sport oder im Sommer in Form von Früchtetees und Kompott. Bei einem Zuviel sinkt jedoch die Energie, es kommt zur Qi-Stagnation und zu verspannter Muskulatur. Zu meiden ist der saure Geschmack vor allem bei Qi-Mangel, da er das restliche Qi beim Zirkulieren behindern würde. Therapeutisch wird Sauer-Adstringierendes unter anderem bei Durchfall, Harn- und Stuhl-Inkontinenz eingesetzt.

Sauer-erfrischend sind alle sauer vergorenen Milchprodukte: Joghurt, Quark und Sauerrahm/saure Sahne. Diese Lebensmittel bauen im Körper Säfte auf, kühlen ihn andererseits aber relativ stark ab. Sie sollten deshalb nur in geringen Mengen verwendet werden. Milchprodukte befeuchten den Körper, verschleimen ihn aber auch. In unseren Breitengraden wird leider zu viel davon gegessen!

Bitter

Bitter gehört zum Feuer-Element. Der bittere Geschmack bringt die Energie nach unten und wird daher als Yin-Geschmack bezeichnet. Diese Fähigkeit des Nach-unten-Leitens machen wir uns zum Beispiel nach einem guten Essen zunutze, wenn wir die Verdauung mit einem Espresso anregen. Bitter trocknet jedoch auch aus. Wenn bei einem Zuviel die Säfte erschöpft werden, kann dies zu trockener Haut und/oder Verstopfung führen. Also Vorsicht vor zu viel Kaffee, wenn Sie Angst vor Falten haben! Therapeutisch kann der bittere Geschmack genutzt werden, um bei hohem Blutdruck das Yang zu senken, bei Hustenanfällen das Lungen-Qi nach unten zu bewegen oder bei einem Nahrungsstau die Ausscheidung anzuregen.

Thermisch gesehen sind die meisten bitteren Kräuter und Lebensmittel erfrischend oder kalt. Ein bitter-warmes Genussmittel ist Kaffee. Er bringt die Energie kurzfristig nach oben, was inspirierend wirkt, senkt aber langfristig das Qi und trocknet das Yin der Nieren aus. Diese austrocknende Wirkung hat aber nicht nur der Kaffee, sondern auch der Schwarztee und mehr oder weniger alle bitteren Nahrungsmittel. Daher sind alle Genuss- und Nahrungsmittel mit diesem Geschmack bei Trockenheitszuständen (Blutarmut, Yin-Mangel) zu meiden.

Süß

Süß wird dem **Erd**-Element zugeordnet. Es harmonisiert und baut Qi auf. Süß entspannt und hilft, die Energie im Körper zu steigern. Daher wird Süß als Yang-Geschmack bezeichnet. Nicht umsonst haben wir bei Stress und Müdigkeit ein Verlangen nach Süßem.

Der süße Geschmack hat auch eine befeuchtende Wirkung. Süßes Obst und die meisten süßen gelben Gemüse des Erd-Elements passen daher sehr gut in die warme Jahreszeit, in der sie wachsen und in der die Säfte des Körpers durch die äußerliche bioklimatische Hitze geschwächt sind. Durch die Anregung der Säfteproduktion kommt es zu einer Verlangsamung aller energetischen Prozesse im Organismus und damit zur allgemeinen Entspannung. Süßes entspannt, gleicht aus und baut auf. Die Frage ist nur, mit welchen Produkten! Damit ist nicht in erster Linie Zucker und Schokolade gemeint, sondern vielmehr die das Erd-Element stärkende natürliche Süße, die in allen gelben Gemüsen wie Mais, Karotte, Kürbis usw. sowie im Getreide enthalten ist. Diese Süße ist ein optimaler Energiespender, welcher den Körper aufbaut.

Im Gegensatz dazu führt weißer Zucker zu einem krassen Jo-Jo-Effekt, den er im Wechselspiel mit dem Insulin auslöst. Weißer Zucker gelangt schnell ins Blut und wird auch schnell wieder abgebaut. Meist landet man in der Energiekurve auf tieferem Niveau als vor der Einnahme der Süßigkeiten. Zudem ist der weiße Zucker ein ausgesprochener Vitaminräuber und thermisch sehr kalt, so dass er den Körper abkühlt und langfristig zur Feuchte-Kälte-Symptomatik führen kann.

Wenn unser Körper nach Süßem verlangt, ist das ein Zeichen einer Schwäche des Erd-Elements. Die Ursache ist meist eine falsche Ernährung. Das Essen von vielen thermisch kalten Nahrungsmitteln wie Rohkost, Tiefkühlkost, weißem Zucker, sauer vergorenen Milchprodukten und denaturierten Nahrungsmitteln schwächt die Organe des Erd-Elements und führt zu Disharmonie-Mustern wie dem ständigen Verlangen nach Süßem, Müdigkeit, Abgeschlagenheit, Völlegefühl, Blähungen, Kältegefühl und einigem mehr. Um einer Unterversorgung vorzubeugen, sollte das Erd-Element, das ja unsere Mitte darstellt, mit Lebensmitteln aus diesem Element vermehrt versorgt werden. Auch sollte man gekochten Speisen den Vorzug geben, da sie vom Körper leichter verarbeitet werden können. Denaturierte Nahrungsmittel jeglicher Art meidet man am besten.

Zum süßen Geschmack des Erd-Elements zählen aber auch viele nicht ganz offensichtlich süße Nahrungsmittel wie z.B. Rindfleisch, Nüsse und alle Fette und Öle. Sie haben eine ausgeglichene Energie, befeuchten und entspannen den Organismus und tonisieren das Qi.

Besonders Kinder haben durch ihre noch nicht voll ausgebildete «Mitte» (siehe Mittlerer Erwärmer) ein starkes Bedürfnis nach Süßem. Man sollte ihnen vor allem Gemüse aus dem Erd-Element geben, süße Milchprodukte und gekochtes Vollkorngetreide.

Zum Süßen kann man Dörrfrüchte, Gerstenmalz, Ahornsirup oder Honig verwenden. Aber Vorsicht! Der süße Geschmack ist meist kalt und sollte daher sparsam dosiert werden. Insbesondere Kombinationen von Südfrüchten und sauer vergorenen Milchprodukten wie Bananenquark, Fruchtjoghurt und Eiscreme kühlen den kindlichen Organismus stark ab und können zur Feuchte-Kälte-Problematik mit Durchfall oder Schleimsymptomatik der oberen Luftwege führen. Da hilft dann nur der Griff zum Kochtopf: Porridge, Hirse-, Hafer- oder Weizengrießbrei bringen wieder Ordnung in den kindlichen Wärmehaushalt.

Scharf

Scharf ist der Geschmack des **Metall**-Elements. Er hat eine zerstreuende Wirkung und löst Stagnationen. In heißen Ländern wird oft sehr scharf gekocht, was das Bakterienwachstum sowohl in den Speisen als auch im Körper (durch Anregung der Magensäfte) verhindert.

Anderseits löst aber der scharfe Geschmack im Körper auch leicht innere Hitze aus, die nur schwer durch gleichzeitige Verwendung von kühlenden (z.B. Gurken, Joghurt) und sehr süßen Speisen zu kontrollieren ist.

Scharf-kalt, wie dies zum Beispiel die Minze ist, kann bei äußerer Windhitze verwendet werden. Scharf-warm und scharf-heiß wird im Anfangsstadium von Erkältungskrankheiten therapeutisch genutzt. Bei Schüttelfrost hat sich das Trinken von Ingwertee bestens bewährt, um den Körper zu wärmen und über das Schwitzen die eingedrungene Kälte zu vertreiben.

Ein weiteres Beispiel ist hochprozentiger Alkohol wie Schnaps, den man trinkt, wenn man zu viel oder zu fettig gegessen hat. Er hilft, den Stau zu lösen und die Energien wieder zu verteilen.

Im Winter wird durch die Verwendung von scharfen Gewürzen und von Wintergemüse (Lauch, Meerrettich, Grünkohl usw.) das Yang tonisiert und die Energie nach oben und außen verteilt, so dass die körperliche Abwehr gestärkt wird.

Ein Zuviel von scharf-warmen und scharf-heißen Gewürzen sowie zu viel Alkohol können zu innerer Hitze führen. Deshalb ist bei bereits bestehender Yang-Fülle mit Bluthochdruck, Gereiztheit, Muskelverspannungen und Hitzegefühlen von diesem Geschmack dringend abzuraten!

Salzig

Salzig ist dem **Wasser**-Element zugeordnet. Dieser Geschmack ist eine Kombination aus Feuer und Wasser. Je nachdem, in welcher Konstellation er sich befindet, ist auch seine Wirkung unterschiedlich.

Salz in Kombination mit Wasser (z.B. Mineralwasser) hat eine thermisch kalte Wirkung und kann besonders das Nieren-Yang abkühlen. Durch seine Fähigkeit, Wasser zu binden, hat Salz aber auch eine auflösende Wirkung, was u.a. in der Krebstherapie und zum Abführen bei Verstopfung (Glaubersalz) genutzt wird.

Salz in Kombination mit tierischem Eiweiß (Fleisch, Wurst, Käse usw.) macht den Körper sehr heiß, da beide Produkte sehr yangig sind. Wenn Fleisch, Erhitzungsprozess und Salz zusammenkommen, entstehen toxische Abfallprodukte, die zu Ablagerungen im Körper (Arteriosklerose) führen können. Besonders wegen des austrocknenden und yangisierenden Effekts ist Salz mit Vorsicht zu genießen, speziell bei Hitze- und Säfteproblematik und bei zu hohem Blutdruck.

Unsere Nahrungsmittel enthalten leider oft viel zu viel Salz. Mineralwässer, Brot, Käse und Wurst sind sehr salzhaltig, so dass vielen Menschen allein schon dadurch das gesunde Maß verlorengegangen ist. Die Kunst liegt wieder einmal darin, die goldene Mitte zu finden.

Erwähnenswert ist vielleicht auch noch die Verbindung des salzigen Geschmacks zu den Organen des Erd-Elements. In der richtigen Menge tonisiert Salz die Milz, ein Zuviel trocknet sie aus. Außerdem heizt Salz das Yang des Magens an, was sich viele Wirte zunutze machen. Sie servieren entweder salzige Suppen oder Salzgebäck zum Aperitif. Das macht einerseits vermehrt Appetit, und andererseits verstärkt es den Durst, da es austrocknet. Über den Fütterungszyklus wird bei zu viel Salz die Leber in Mitleidenschaft gezogen. Wir bekommen entweder vermehrt Lust auf Süßes, um unsere Säfte zu tonisieren, oder wir trinken mehr Alkohol, um über den scharfen Geschmack des Alkohols die durch den entstandenen Säftemangel angespannte Leber zu entspannen. So entsteht ein ständiges Hin und Her, das am ehesten durch eine konsequente Salzreduktion zu stoppen ist.

Versuchen Sie einmal, den Salzkonsum zu kontrollieren beziehungsweise eine Zeitlang ganz darauf zu verzichten, um den Eigengeschmack der Nahrungsmittel wieder zu erleben.

Salz ist ein nicht zu unterschätzender Faktor bei der Entstehung von Krankheiten, vor allem bei Herzinfarkt, wie Untersuchungen immer wieder belegen.

DER DREIFACHE ERWÄRMER

Der Funktionskreis des **Dreifachen Erwärmers** ist ein sehr einfaches, leicht verständliches System, das den Körper in drei Teile unterteilt. Ihm liegen die Standorte der einzelnen Organe zugrunde, die durch ihre Lage spezielle Funktionen haben.

Die Organe des Oberkörpers sind Herz und Lunge. Wir bezeichnen diesen Bereich als **Oberen Erwärmer**.

Die Organe in der Mitte unseres Körpers sind Leber, Gallenblase, Milz, Bauchspeicheldrüse und Magen. Unser Augenmerk beim Verstehen des «Dreifachen Erwärmer-System» legen wir jedoch einfacherweise auf Milz und Magen. Sie stellen den sogenannten **Mittleren Erwärmer** dar.

Der **Untere Erwärmer** besteht hauptsächlich aus Nieren und Blase und in Erweiterung auch aus dem Dickdarm.

Die Illustration des **Dreifachen Erwärmers** (rechte Seite) zeigt uns, dass das System den ganzen Organismus versorgt. Dieses System ist besonders für das Verstehen der Wirkung der Nahrungsmittel im Körper und in der Ernährung im Allgemeinen von Bedeutung.

Der Untere Erwärmer (UE)

Die Organe des Unteren Erwärmers (Niere und Blase) stellen die Basis unseres Lebens dar. Wie schon im Kapitel **Wasser**-Element besprochen, sind die Nieren Speicher unserer Lebensenergie, sowohl auf materieller (Jing) als auch auf energetischer (Yuan-Qi) Ebene.

Die Nieren sind im **Yin-Yang**-Symbol die Organe des **großen Yin** und damit Symbol für die stärkste Zusammenziehung und die größte Verdichtung. Daher stehen sie auch für unsere Lebensessenz, die über Sein und Nichtsein entscheidet. Auf materieller Ebene (Jing) versinnbildlichen sie die Struktur unseres Körpers – sie kontrollieren Knochenbau, Knochenmark, Gehirnmasse, Haare, Zähne, Ei und Sperma – alles sehr verdichtete Aspekte. Auf energetischer Ebene stehen sie für die Ur-Energie (Yuan-Qi), die alles wärmt und in Bewegung hält.

Jing- und Yuan-Qi sind die Wurzeln unseres Lebens. Mit einem bestimmten Depot kommen wir bereits auf die Welt. Im Gegensatz zum Jing-Qi kann das Yuan-Qi nicht wieder aufgefüllt werden, wenn es erschöpft ist. Die Nieren sind somit der Sitz des Lebensfeuers. Solange genug Substanz vorhanden ist, brennt das Feuer. Und wiederum: Energie und Materie sind voneinander abhängig! Yin und Yang brauchen sich gegenseitig! Ohne Kohle (Substanz) keine Wärme (Energie). Aber die Kohle allein kann uns auch nicht wärmen. Es braucht den zündenden Funken des Feuers. Wir sehen, es ist eigentlich ganz einfach! Auch in unserem Körper ist es so. Der Körper allein ist ohne Lebensenergie nicht lebensfähig; er ist nur eine leblose Hülle. Und die Energie wiederum kann sich nur über die Materie ausdrücken. In den Nieren befindet sich einerseits unser materieller Aspekt, unsere Lebensessenz «Jing», und anderseits das Nierenfeuer, das die Substanz in Bewegung bringt. Im Unteren Erwärmer brennt das Nierenfeuer – es ist die Voraussetzung für Leben überhaupt!

Der Mittlere Erwärmer (ME)

Im Mittleren Erwärmer befindet sich ein Kochtopf – er versinnbildlicht den Magen, in den wir unsere Nahrungsmittel füllen. Die Milz ist wie der Kochlöffel, der alles verteilt. Milz und Magen sind das zentrale Element dieses Verteilungssystems.

Das Feuer des Unteren Erwärmers wärmt nun den Brei im Kochtopf, der langsam warm wird und schließlich zum Kochen gebracht wird. Tritt das ein, dann verdampft Wärme und Substanz nach oben.

Der Obere Erwärmer (OE)

Im Oberen Erwärmer befinden sich das Herz und die Lunge. Die Lunge erfüllt hier die Funktion eines Deckels, der das Kondenswasser, die hochkommenden Substanzen, sammelt und verteilt. Die Lunge bringt einerseits die Substanzen über das Geflecht der Meridiane an die Hautoberfläche und zu allen Organen. Anderseits transportiert sie Restenergie aufgrund ihrer absteigenden Fähigkeit wieder nach unten und liefert so Brennstoff für das Feuer (füllt das nachgeburtliche Qi auf). Das ist der Kreislauf des Dreifachen Erwärmers!

Fehlfunktionen des Dreifachen Erwärmers

Eine Fehlfunktion und eine Unterfunktion können einen unterschiedlichen Ursprung haben. Hauptursache ist jedoch eine Fehlfunktion des Mittleren Erwärmers. Es gibt dafür zwei wichtige Gründe: psychische Anspannung, die das freie Fließen der Energie blockiert und damit die harmonische Umverteilung stört, und falsche Ernährung.

Durch die Verwendung von zu viel **thermisch kalten Nahrungsmitteln** wird die Mitte stark abgekühlt und der Körper hat nicht genug Energie, um sich gegen diese Kälte zu wehren. Es kommt zum Stillstand des Transformationsprozesses und zur Stagnation von Qi und Flüssigkeiten. Ödeme, Völlegefühl, Übergewicht usw. können die Folge sein. Erinnern Sie sich an das Bild vom Dreifachen Erwärmer? Wenn wir immer wieder Kaltes in unsere «Suppe» geben, wird sie nie heiß! Folglich gibt es auch keinen Verdampfungsprozess nach oben. Das Ganze findet bereits in der Mitte, sozusagen am Anfang sein Ende!

Südfrüchte, weißer Zucker und sauer vergorene Milchprodukte kühlen die Organe des Mittleren Erwärmers stark ab. Zudem verschleimen Milchprodukte unseren Körper und seine Energiekanäle. In unseren Breitengraden enthält die tägliche Ernährung leider viel zu viele Milchprodukte. Es beginnt schon morgens mit Kakao, Milchkaffee, Haferflocken mit Quark oder Milch und Frischkäsebrot mit Konfitüre. Vormittags ist es dann ein Joghurt, mittags ein mit Käse überbackener Auflauf oder Pasta mit Rahmsauce und geriebenem Käse und abends noch rasch ein paar Käsebrote. All diese **Milchprodukte** befeuchten den Körper sehr stark und kühlen ihn ab. Es braucht eine sehr starke Mitte, um das auf Dauer alles zu verdauen! Gleich verhält es sich mit der ach so gesunden Rohkost! Alles Rohe braucht mehr Energie als Gekochtes, um verdaut zu werden. Oft braucht es

Herz Lunge	Oberer Erwärmer (OE)
Milz Bauchspeicheldrüse Magen Leber Gallenblase	Mittlerer Erwärmer (ME)
Niere Blase Dickdarm	Unterer Erwärmer (UE)

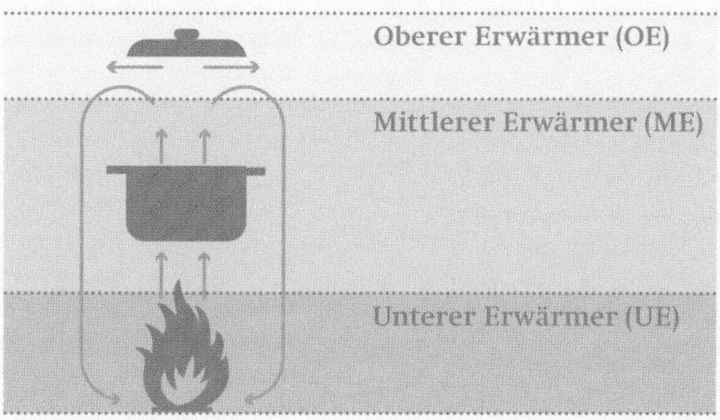

«Dreifacher Erwärmer»

mehr Energie, ein rohes Nahrungsmittel zu verdauen, als es dem Körper liefert. Diese Minusbilanz kann man vermeiden, wenn man mehr Gekochtes isst. Gekochte Nahrungsmittel sind leichter verwertbar und sie bringen zusätzliche Energie, die durch den Kochprozess in die Nahrung gelangt. So bleibt unsere Energiebilanz auf jeden Fall im Plus. Wichtig ist zu wissen, dass wir nicht generell auf Milchprodukte und Rohkost verzichten müssen. Es ist wie immer nur eine Frage der Menge, des Maßhaltens. Kleinkinder können Milch gut verdauen, da ihr Körper das so vorsieht. Der Organismus eines Erwachsenen produziert jedoch weniger Labferment und Laktase und deshalb ist die Milch dann schwerer verdaulich und kann für den Körper zur Belastung werden. Bei hohem Milch- und Fleischkonsum kommt es zur vermehrten Ablagerung von toxischen Stoffen im Organismus.

Von der thermischen Wirkung her empfiehlt sich, Kleinkinder eher mit thermisch neutralen Frischmilchspeisen zu ernähren und bei Sauer-Vergorenem wie Joghurt, Quark usw. Zurückhaltung zu üben, weil es abkühlt. Im Kindesalter ist der Dreifache Erwärmer noch nicht voll ausgebildet. Besonders der Mittlere Erwärmer ist noch sehr schwach. Viele Kinder reagieren deshalb auch im Sommer mit Unwohlsein und Krankheit, wenn sie zu viel Kälte bekommen, sei es durch äußeren Einfluss wie zu langes Planschen im kalten Wasser oder innere Ursachen wie zum Beispiel zu viel Früchte, kalte Getränke oder Eiscreme.

Eine Schwäche des Mittleren Erwärmers zeigt sich auch im starken Verlangen nach Süßem. Es sollte mit «gesundem Süßem» in Form von süßen Äpfeln, Getreidebrei, Honig, Malz, Malzextrakt, Trockenfrüchten und süßem Gemüse gestillt werden. Schlecht und nicht zu empfehlen sind Süßigkeiten aus raffiniertem Zucker wie Schokolade und thermisch kalte Nahrungsmittel wie Quark, Sauermilch und Joghurt, besonders auch in Kombination mit Südfrüchten wie Bananen. Eine solche Ernährung mag zwar sehr zeitsparend sein, führt aber oft zu Erkrankungen wie Allergien, Asthma, permanenter Schleim und Erkältungen, weil die produzierte Feuchtigkeit nicht mehr ausgeschieden werden kann.

Erwachsene sind gut beraten, Milchprodukte allgemein zu reduzieren, um einer Verschleimung vorzubeugen. In Verbindung mit anderen Faktoren wie zum Beispiel Hitze kann der Schleim zu unterschiedlichsten Krankheiten führen wie Arteriosklerose, Herzinfarkt oder Geschwüren. Aber verstehen Sie bitte das Ganze nicht falsch! Es gibt Kulturen mit Milchprodukteverzehr wie die unsere und solche ohne Milchprodukteverzehr wie China. Wir sind bis zu einem gewissen Grad an diese Lebensmittel gewöhnt. Hin und wieder ein Stück Käse oder einen Joghurt – dagegen ist nichts einzuwenden. Aber jeden Tag – das ist meist zu viel. Außerdem sollte man beachten, welcher Typ man ist (Hitze- oder Kälte-Typ, Feuchtigkeit im Körper, Übergewicht usw.) und in welchem bioklimatischen Umfeld man sich gerade befindet. Wie schon erwähnt, sind erfrischende Nahrungsmittel in der heißen Jahreszeit eher zu empfehlen als im Winter.

Die **Rohkost** sollte auf den Typ abgestimmt und saisonal sein. Menschen mit hohem Blutdruck und Hitzesymptomatik vertragen mehr als Kältetypen.

In einer normalen Mahlzeit sollte thermisch Kaltes wie Rohkost (Salat) nicht am Anfang stehen, da es das Magen-Qi abkühlt, welches ja zur Verdauung benötigt wird. Besser ist, mit einer heißen Suppe zu starten und den Salat erst danach oder zum Hauptgang zu essen.

Auch **Tiefkühlkost** belastet die Mitte, da sie eigentlich keine lebendige Nahrung mehr ist, weil durch den Gefrierprozess die Zellen zerstört worden sind. Tiefkühlkost wird vom Körper eher als Ballast empfunden, der viel Energie braucht, um transportiert zu werden. Der natürliche Zerfallprozess des Nahrungsmittels ist durch die vorzeitige Zerstörung der Zellwände bereits verlorengegangen. Daher gilt auch hier die Empfehlung: Zurück zum Naturprodukt!

Gut für den Dreifachen Erwärmer

Mit einfachen Mitteln lässt sich das empfindliche System des Dreifachen Erwärmers am Laufen halten.

- Gekochte statt rohe Nahrung: Wir verwenden Rohkost in kleinen Mengen, stattdessen essen wir mehr Gekochtes in Form von Gemüse und Getreide.
- Milchprodukte: generell reduzieren.
- Thermisch Heißes und Kaltes: Nur in kleinen Mengen verwenden, dafür mehr erwärmende, neutrale und erfrischende Nahrungsmittel.
- Getränke: Während des Essens nicht zu viel trinken, um die Verdauungssäfte nicht zu stark zu verdünnen. Viel Flüssigkeit verlangsamt den Verdauungsprozess und belastet den Körper längerfristig mehr als notwendig. Die Getränke sollten nicht zu kalt sein – also nicht direkt aus dem Kühlschrank kommen. Zimmertemperatur, warm oder heiß sind ideal.
- Entspannte Atmosphäre: Die Mahlzeiten sollten in einem entspannten Zustand eingenommen werden, um den Fluss des Qi nicht zu stören. Zeitdruck, psychische Anspannung wie z.B. Stress, Ärger oder Frust sind negativ. Menschen mit vielen geschäftlichen Verpflichtungen sollten versuchen, alles Geschäftliche vor dem Essen zu erledigen, damit Unstimmigkeiten während des Essens nicht «auf den Magen schlagen» oder «den Appetit verderben».
- Zeitpunkt: Den Tag mit einem guten Frühstück beginnen! Gerade dem Frühstück misst die chinesische Ernährungslehre eine große Bedeutung bei, da zwischen 7 und 11 Uhr die Organe der Mitte (Milz, Magen) am meisten Energie haben und so die Nahrung am besten verwerten können. Ein altes Sprichwort sagt: «Am Morgen essen wie ein Kaiser, am Mittag wie ein Edelmann, am Abend wie ein Bettler.» Da ist viel Wahres dran! Gerade abends sollte nicht zu spät gegessen werden, da sich der Körper bereits wieder auf die Nachtruhe vorbereitet.

Wenn wir diese Ratschläge befolgen, wird der Dreifache Erwärmer bestens funktionieren und der Organismus bekommt, was er benötigt. Alle Organe sind in den harmonischen Fluss von Qi und Säften eingebunden. Ein Nichtfunktionieren führt zu Ungleichgewicht im Körper, was die unterschiedlichsten Symptome zur Folge haben kann. Wir sollten uns der großen Bedeutung bewusst sein, die dieser empfindliche Funktionskreis in sich birgt. Gerade der Mittlere Erwärmer hat eine Schlüsselfunktion, da er den Oberen Erwärmer und den Unteren Erwärmer miteinander verbindet. Die Mitte ist sozusagen der Motor des Systems. Wenn er nicht funktioniert, dann funktioniert gar nichts mehr! «Solange die Mitte funktioniert, ist jede Krankheit heilbar», sagen alte chinesische Schriften. Und das stimmt auch. Über die Organe der Mitte haben wir Zugang zum ganzen Körper. Hier können wir den Körper stärken und ihn beeinflussen. Was nützt uns die gesündeste Ernährung oder die teuerste Kräuterrezeptur, wenn der Körper sie nicht aufnehmen kann. Gar nichts. Auch die Tatsache, dass bei Missfunktion die nachgeburtliche Energie (aus Ernährung und Atmung gewonnen) nicht in die Nieren eingelagert werden kann und sich unsere vorgeburtliche Energie frühzeitig erschöpft, sollte Ansporn sein, auf unseren Körper zu achten. Wenn die Körperfunktionen harmonisch sind, fühlen wir uns gesund und wohl; wir sind «in unserer Mitte».

KOCHEN MIT DEN 5 WANDLUNGSPHASEN

Die Grundidee der Ernährung nach den Fünf Elementen ist, alle Elemente in einer Mahlzeit zu vereinen. Nachdem die Elemente durch die verschiedenen Geschmäcker angesprochen werden, bedeutet dies, dass alle 5 Geschmäcker im Essen vorhanden sein sollten. Dadurch wird das Essen «rund» – es wird harmonisch und wohlschmeckend und stellt uns vollkommen zufrieden. Kein Geschmack soll überwiegen – es sollte eine ausgeglichene Mischung entstehen; eine durch und durch harmonische Komposition auf unserem Teller!

Die höchste Stufe der taoistischen Kochkunst ist das «Kochen im Zyklus der 5 Elemente». Die entsprechenden Zutaten werden bei der Zubereitung in der Reihenfolge des sogenannten «Fütterungs-Zyklus» (siehe dort) beigefügt. Diese Reihenfolge ist identisch mit der Energieversorgung der Organe. Das klingt vielleicht etwas kompliziert; ist es aber nicht!

- Anhand der Lebensmittelliste können alle Zutaten den einzelnen Elementen zugeordnet und die Speisen in der richtigen Reihenfolge zubereitet werden. Anfangs ist es hilfreich, sich an die Rezepte in diesem Buch zu halten. Später kann man seine bewährten Rezepte einfach in der richtigen Reihenfolge kochen. Sie werden sehen, man gewöhnt sich sehr schnell daran. Sollte dann beim einen oder anderen Rezept irgendein Element fehlen – keine Sorge: Mit etwas Kreativität kann man dies problemlos ergänzen.
- Anfangs ist es praktisch, wenn die Gewürze mit einem farbigen Punkt (Farbe des Elementes) gekennzeichnet sind. So muss man nicht immer in der Liste nachschauen.
- Es sollte versucht werden, mindestens 1 Mal im Zyklus herumzugehen! Je öfter man es

schafft, umso energetischer wird die Speise. Ausgenommen sind Nahrungsmittel, die schon von Natur aus einen sehr harmonischen Geschmack haben, z.B. viele Getreidesorten und Gemüse des Erd-Elements. Man sollte sie nicht unbedingt in einen Zyklus zwingen. Oft genügt es, sie zu kochen und zum Abrunden eine Prise Salz oder etwas Butter zuzufügen.

So starten wir

Es spielt keine Rolle, in welchem Element wir starten. Es bieten sich folgende Möglichkeiten an:

- kaltes Wasser = **Wasser**-Element
- heißes Wasser = **Feuer**-Element
- heißes Fett = **Erd**-Element
- Die Menge, die pro Element jeweils zugegeben wird, ist unwichtig! Es können 1 Kilogramm Karotten (**Erd**-Element) sein, ein paar Körnchen Salz (**Wasser**-Element) oder einige Tropfen Zitronensaft (**Holz**-Element).
- Gewürze aus dem gleichen Element können ohne weiteres gleichzeitig hinzugefügt werden. Man kann sie aber auch erst in einer weiteren Zyklusrunde verwenden.
- Kein Element darf übersprungen werden. Man sollte auch nicht rückwärtsgehen! Hat man ein Gewürz vergessen oder man will zum Schluss noch nachwürzen, dann ist der Kreislauf bis zum gewünschten Element wieder zu schließen.
- Achtung! Manche Nahrungsmittel verändern durch den Kochvorgang ihren Geschmack und wechseln damit auch das Element! Hauptsächlich betrifft das in unserer Küche den Apfel und die Zwiebel. Süße Äpfel (**Erd**-Element) werden beim Kochen sauer (**Holz**-Element), und scharfe Zwiebeln (**Metall**-Element) werden beim Dünsten und Anbraten eher süß (**Erd**-Element). Daher muss beispielsweise nach dem Anbraten der Zwiebeln nochmals etwas Scharfes wie z.B. Pfeffer in den Topf.
- Der Geschmack, der als Letztes der Speise zugefügt wird, bestimmt das Element, welches den größten Energieanteil in der Speise bekommt. Will man z.B. die Mitte (**Erd**-Element) stärken, dann gibt man zum Schluss noch etwas Süßes oder Fett ins Essen.
- Zwischen den einzelnen Elementen sollte man sich etwas Zeit lassen und einige Male gut rühren, damit sich die Energie gut verteilen kann.

Wichtig

Elemente beim Kochvorgang nach Möglichkeit nicht mischen!

Nach Zugabe eines neuen Elementes einige Male rühren und 1 bis 2 Minuten warten.

Achtung

Die Zwiebel wechselt durch den Kochprozess das Element. Roh zählt sie zum Metall-Element, gekocht zum Erd-Element. Aus diesem Grund wird sie bei den Zutaten bereits als Erd-Element gelistet.

BIOKLIMATISCHER EINFLUSS

Wie schon erwähnt, ist beim Kochen auch der bioklimatische Einfluss zu berücksichtigen. Die heiße Jahreszeit ist die Zeit der yinisierenden Kochmethoden. Der Anteil erfrischender Nahrungsmittel darf überwiegen. Scharfe Gewürze sollten in den Hintergrund treten. Der Großteil der Speisen wird nach wie vor gegart, damit der Organismus sie leicht aufnehmen kann. Der Speiseplan wird mit Früchten und Salaten ergänzt. Sehr erfrischend sind im Sommer Kompotte und Fruchtpürees, die zwar gekocht, aber in kühlem Zustand gegessen werden.

Der Winter ist die Zeit der yangisierenden Kochmethoden. Sie sollen den Körper erwärmen und ihm die notwendige Widerstandskraft gegen die draußen herrschende Kälte geben. Rohes sollte nur noch in kleinen Mengen auf den Teller kommen – vielleicht eher als Garnitur.

AUSWAHL DER NAHRUNGSMITTEL

Saisonale Angebote sind zu nutzen und der Speisezettel entsprechend zu gestalten. Heutzutage ist es leider nicht mehr ganz einfach herauszufinden, was wann Saison hat, da viele Frischprodukte das ganze Jahr angeboten werden. Trotzdem sollte man versuchen, saisongerecht zu kochen und zu essen. Oft hilft es, auf den Gemüsemarkt oder direkt zum Gemüsebauern zu gehen. Wer das ganze Jahr über immer alles konsumiert, verliert leicht die Lust am Essen und bringt sich so selbst um die Freude über die aromatischen frischen Gemüse des Frühlings, den verführerischen Geschmack der ersten einheimischen Erdbeeren und die saftigen Früchte des Sommers.

QUALITÄT DER NAHRUNGSMITTEL

- Getreide aus biologischem Anbau
- Gemüse aus biologischem Anbau: je frischer, desto besser, da es dann am meisten Qi besitzt. Lange Lagerzeiten sind zu vermeiden. Von genmanipuliertem und bestrahltem Gemüse ist dringend abzuraten. Möglichst kein Tiefkühl- und Konservengemüse. Saisonal kochen
- Fleisch: auf artgerechte Tierhaltung achten; lieber weniger und dafür hochwertiges Fleisch; lieber frisches als tiefgekühltes Fleisch
- Keine bestrahlten oder gefriergetrockneten Gewürze
- Trockenfrüchten aus biologischer Produktion den Vorzug geben. Darauf achten, dass die Früchte nicht geschwefelt sind (geschwefelte Aprikosen haben eine schöne helle Farbe, ungeschwefelte sind eher braun und unansehlich, aber wesentlich gesünder)
- Möglichst naturbelassene Milchprodukte, frei von künstlichen Aromen und Vitaminen, Farbstoffen, Bindemitteln, Konservierungsmitteln und Antioxidanzien. Diese Zusatzstoffe finden sich leider in vielen Joghurt-, Quark- und Käsesorten, ebenso in manchen Rahm- und Lightprodukten
- Auf Fertigprodukte und «Langzeit»-Produkte verzichten
- Chemisch veränderte Lebensmittel meiden!
- Süßmittel: Rohrohrzucker, Ahornirup, Honig und Gerstenmalz

ÖLE UND FETTE

Beim Öl zu variieren, macht Spaß und sorgt zusätzlich für Abwechslung! Haselnussöl, Leinöl, Distelöl, Arganöl und Kürbiskernöl schmecken hervorragend zu Getreide, Salat und Gemüse.

Zum Braten muss der Fettstoff hitzestabil sein: High-Oleic-Olivenöl, High-Oleic-Rapsöl, Sonnenblumenöl, Maiskeimöl, Ghee/Bratbutter/Butterschmalz. Fein zum Braten ist auch eine Mischung aus Olivenöl und etwas Butter.

Zum Verfeinern von Süßspeisen oder Suppen eignet sich Nussmus , z.B. von Mandel, Haselnuss-, Cashewnuss (Reformhaus).

PRAXIS

Reis mit Pak Choi

1 Zuordnung der Elemente und Erstellen der richtigen Reihenfolge

1 E Olivenöl oder geröstetes Sesamöl
2 E 1 kleine rote Zwiebel, fein gewürfelt
3 E Pak Choi oder Mangold, in Streifen
4 M 1 Knoblauchzehe, fein gewürfelt
5 M 1 Schuss Noilly Prat
6 M frisch gemahlenen Pfeffer
7 W wenig Sojasauce
8 H 1 Spritzer Zitronensaft
9 F 1 Prise Paprikapulver
10 E wenig weiße Sesamsamen
11 M 1 Tasse gekochter Reis oder gekochtes Getreide

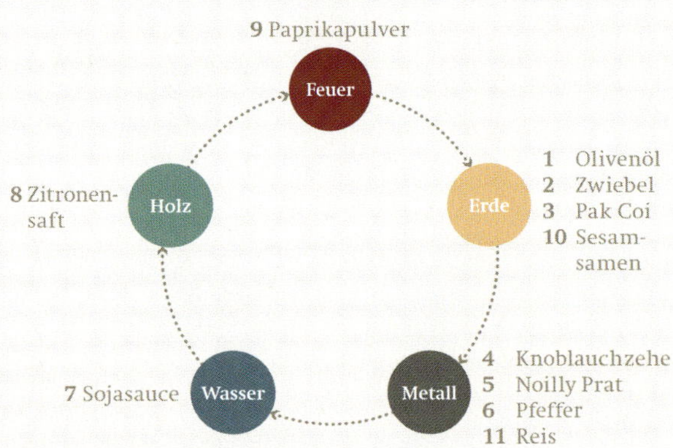

2 Mischen der einzelnen Zutaten

- Jedes Element unter mehrmaligem Rühren mit dem Kochlöffel (einen Kreis machen) dazugeben.
- Zutaten des gleichen Elements, in unserem Beispiel Zwiebeln und Pak Choi dürfen – müssen aber nicht – gleichzeitig beigefügt werden.
- In unserem Beispiel wird der Zyklus einmal gemacht. Alle Elemente sind enthalten – eine rundum harmonische Mischung.
- Wichtig: Wenn in einem Rezept der Zyklus mehr als einmal gemacht wird, muss der Kreis nicht unbedingt geschlossen werden. Man kann in jedem Element aufhören z.B. etwas Süßes, Nüsse oder Olivenöl E, Pfeffer M, Salz W, frische Kräuter H, Kakao oder Kaffee F.

THERMISCHE WIRKUNG

Die Zuordnung der Nahrungsmittel zu den 5 Elementen basiert auf ihrer thermischen Wirkung im Rohzustand. Durch verschiedene Zubereitungsmöglichkeiten können wir in unserer «Hexenküche» die thermische Wirkung verändern. So können wir beispielsweise bei inneren Kältezuständen und äußerer Kälte (Winter) trotzdem erfrischende Nahrungsmittel verwenden, wenn wir eine erwärmende (yangisierende) Kochmethode wählen.

Yangisieren

Darunter versteht man Zubereitungsarten, bei denen die yangige Wirkung von Nahrungsmitteln verstärkt wird oder thermisch kühlere Lebensmittel ausgeglichen werden:

- Scharfes Anbraten und Grillen. Beim Fleisch können die verbrannten Eiweißteile auf die Dauer gesundheitsschädigend sein. Daher sollte diese Kochmethode eher eine Ausnahme sein.
- Bei einem langsamen Anbraten in hochwertigem Öl kann z. B. die erfrischende Wirkung von Gemüse thermisch verändert werden, so dass dieses Gemüse nicht mehr so kalt ist. Eine geschmorte Tomate hat eine andere thermische Wirkung als eine rohe!
- Lange Kochzeiten und das Backen im Ofen bringen ebenfalls viel Yang in die Speisen, was wir besonders in der kälteren Jahreszeit zu schätzen wissen. Gekochte Suppen aus erfrischendem Gemüse können das ganze Jahr Saison haben, da sie thermisch in der Mitte sind.
- Kochen im Dampfkochtopf
- Kochen mit Alkohol
- Verwendung scharf-heißer Gewürze; scharfe Gewürze sollten nicht ständig verwendet werden, da sie den Körper zu stark erhitzen können. Außerdem sollte dann auch immer ein gewisser Anteil erfrischender Beilagen (Sprossen, knackiger Salat oder frische Früchte) für den Ausgleich der Speise sorgen. Eine thermisch kalte Tomate kann in einem Salat mit Basilikum, Zwiebeln und Balsamico ausgeglichen werden. Ein thermisch heißes Chili con carne wird ausgeglichen durch einen Klecks Sauerrahm / saure Sahne, Joghurt oder einen knackigen Salat.

Yinisieren

Mit den nachfolgenden Zubereitungsarten bringen wir heiße und erwärmende Nahrungsmittel «in die Mitte» und gleichen sie aus beziehungsweise wir verstärken ihre erfrischende Wirkung:

- dünsten
- kochen in viel Wasser
- blanchieren
- Verwendung thermisch kühler Zutaten wie Algen, Sprossen, frische Früchte und sauer vergorene Milchprodukte

Yinisierende Verfahren können verstärkt in der heißen Jahreszeit eingesetzt werden, um den Körper zu erfrischen, aber auch als Ausgleich bei thermisch heißen Speisen. Bei der Verwendung von frischem Obst oder Sprossen (z.B. Kresse) genügt es, diese Zutaten erst kurz vor dem Servieren über der Speise zu verteilen; sie müssen nicht mitgekocht werden.

GETRÄNKE

WASSER

W Wasser

Je nach Wasserqualität empfiehlt es sich, das Wasser zu filtern.

W kaltes Leitungswasser / Mineralwasser

Nur in kleinen Mengen trinken.

- **Wirkung** kalt – senkt Yang – wirkt auf Nieren-Yin

F gekochtes Wasser

Damit ist abgekochtes Wasser gemeint. Ein wenig abgekühlt, ist es das optimale Getränk für Kinder und Erwachsene.

- **Wirkung** leicht erfrischend – tonisiert das Nieren-Yang

APFELSAFT

H Apfelsaft

- kann mit warmem oder kaltem Wasser gemischt oder unverdünnt getrunken werden
- sollte wirklich nur aus gepressten Äpfeln und ohne Zuckerzugabe sein
- für Kleinkinder nur in kleinen Mengen geeignet
- im Herbst und Winter eventuell mit etwas Ingwer oder Zimtstange anreichern, damit er thermisch wärmer wird
- mit Kuzu (wildem Pfeilwurzelmehl) eingedickt, kann er bei morgendlicher Schwangerschaftsübelkeit helfen

- **Wirkung** erfrischend – baut Säfte auf

ROTER TRAUBENSAFT

H roter Traubensaft

siehe Apfelsaft

- **Wirkung** baut Blut und Säfte auf – entspannt – harmonisiert

INGWERTEE

Ⓜ Ingwertee

1 Tasse Wasser mit 1–2 Scheiben frischem Ingwer aufkochen. Je nachdem, ob man den Ingwer nur überbrüht oder mitkocht, hat der Tee eine andere Schärfe. Dieser Tee ist sehr angenehm in der kalten Jahreszeit und bei innerer Kälte.

Therapeutische Anwendung (für kurze Zeit)
Ein etwa daumengroßes Stück frischen Ingwer schälen und klein schneiden, in ca. ½ l Wasser 20 Minuten köcheln lassen. Abseihen und trinken.

- **Wirkung** thermisch heiß – antitoxisch nach Genuss von verdorbenen Speisen – vertreibt eingedrungene bioklimatische Kälte

- **Zu empfehlen bei** beginnender Erkältung mit Schüttelfrost – nach Kälteeinwirkung – nach verdorbenem Essen – bei Übelkeit

MAISHAARTEE

Ⓔ Maishaartee

Variante 1 1 gehäufter EL Maishaar-/Maisbarttee (Reformhaus oder Apotheke) mit ½ l kochendem Wasser übergießen. 10 Minuten ziehen lassen. Abseihen.

- **Wirkung** erfrischend – entspannend – leitet Hitze aus – harmonisierend

Ⓔ Maishaartee

Variante 2 ½ l Wasser aufkochen, 1 gehäufter EL Maishaar-/Maisbarttee zugeben, nochmals aufkochen, 20 bis 30 Minuten köcheln lassen. Abseihen.

- **Wirkung** neutral – leitet Hitze der Gallenblase aus – entspannend – harmonisierend

GRÜNER TEE

F Grüner Tee (unfermentierter Schwarztee)

Mit 80 °C (bei speziellen japanischen Tees sogar noch weniger heiß) heißem Wasser übergießen. Kurz ziehen lassen. Abseihen.

- **Wirkung** kalt – senkt Nieren-Yang – leitet Hitze aus – regt geistig an – trocknet das Yin aus – senkt Cholesterinspiegel

- **Zu meiden bei** Qi-Mangel und Yang-Mangel
  - Achtung – thermisch sehr kalt! Nicht geeignet bei kalten Händen und Füßen
  - unterstützt den Leberstoffwechsel
  - kann die Konzentration unterstützen; bei geistiger Anstrengung (z. B. beim Lernen) trotzdem nicht mehr als 2 bis 3 Tassen täglich trinken
  - nicht geeignet für Kleinkinder
  - wird durch Zimt (Zimtstange zugeben, rühren und ziehen lassen) etwas weniger kalt

SCHWARZTEE

F Schwarztee

Mit kochendem Wasser überbrühen.

- **Wirkung** kalt – trocknet die Säfte aus – senkt Yang – regt geistig an – leitet nach unten – verdauungsfördernd

- **Zu meiden bei** Qi-Mangel – Yin-Mangel – Unruhe – Schlafstörungen – Blutmangel

ROTER TEE / PU ERH CHA

F Roter Tee / Pu Erh Cha
(Grüntee mit speziellem Reifungsverfahren, das ihm einen leicht erdigen, rauchigen Geschmack gibt)

Der Tee wurde früher für den Transport in Ziegel oder runde Formen gepresst und bei der Zubereitung auf einer Holzreibe abgerieben.

- verdauungsfördernd, indem er den Stoffwechsel unterstützt
- kann mehrmals aufgegossen werden
- nicht mehr als 2 bis 4 Tassen pro Tag

- **Wirkung** neutral bis leicht erwärmend – trocknet Yin aus – regt Qi der Mitte an

GERSTEN-/WEIZENTEE

E Gersten-/Weizentee

½ Tasse Gersten- oder Weizenkörner in einer Pfanne trocken anrösten, bis die Körner «hüpfen». Vorsicht: sie dürfen nicht verbrennen! Rühren! 1 Liter Wasser aufgießen, zugedeckt 20 bis 30 Minuten köcheln. Eventuell zum langsamen Abkühlen 30 Minuten auf der Wärmequelle stehen lassen. Abseihen und trinken.

Tipp Gekochte Körner als Suppeneinlage, für einen Salat oder für das Frühstück verwenden.

- **Wirkung** erfrischend – baut Säfte von Leber und Herz auf – beruhigt Yang – entspannt und harmonisiert – leitet Schleim aus

- **Sehr gut bei** Schlafstörungen – Leberhitze – Anspannung – Unruhe

FENCHELTEE

E Fencheltee

Für 1 Tasse etwa 1 TL Fenchelsamen zerstoßen, zum kochenden Wasser geben, 5 Minuten köcheln, dann 15 Minuten ziehen lassen. Abseihen. Wenn der Tee zu stark ist, mit etwas Wasser verdünnen.

Der Tee ist auch für Kinder ideal; sie haben allgemein eine schwache Mitte.

- **Wirkung** wärmt Milz und Magen – verdauungsfördernd – hilft bei Blähungen und Kältedurchfall bei Kleinkindern

VERDAUUNGSTEE

(M) Verdauungstee

Zu gleichen Teilen Fenchel-, Kümmel- sowie Kardamomsamen zerstoßen.

1 TL der Mischung mit bis 1 Liter Wasser (je nach gewünschter Stärke) aufkochen, 5 bis 10 Minuten ziehen lassen. Abseihen.

Dieser Tee kann gut während einer Getreide- oder Reiskur zur Unterstützung der Entschlackung getrunken werden.

Wem ungewürztes Getreide zu fade schmeckt, kann es mit diesem Tee aromatisieren (darüberträufeln).

- **Wirkung** wärmt Milz und Magen und regt so den Verdauungsprozess an

BOHNENKAFFEE, GEKOCHT

(F) Bohnenkaffee, gekocht

Diese orientalische Variante ist besser verträglich als Filterkaffee und schmeckt erst noch wunderbar:

- 1–2 möglichst grüne Kardamomsamen aus der Kapsel nehmen und zerstoßen oder mahlen, in einem Topf kurz rösten (ah, dieser Duft!), mit kaltem Wasser aufgießen, gemahlene Kaffeebohnen einrühren, aufkochen, bei schwacher Hitze kurz köcheln lassen, dann 3 Mal erhitzen (der Kaffee soll sprudeln). Traditionell wird der Kaffee mit 1 TL kaltem Wasser abgeschreckt.
- Pfanne (oder türkisches Kaffeepfännchen) beiseitestellen, damit sich der Kaffeesatz setzen kann. Vorsichtig abgießen oder abseihen.
- Nach Belieben mit etwas Rohrohrzucker oder Honig süßen. Wer will, kann dem Kaffee ein wenig Milch zufügen.

- **Wirkung** erwärmend – trocknet aus – regt kurzfristig das Shen an (= der psychologische Aspekt des Herzens) und fördert so die Konzentration – leitet Energie nach unten – fördert die Verdauung

- **Nicht zu empfehlen bei** Blutmangel – Yin-Mangel – Yang-Fülle

GETREIDEKAFFEE

(F) Getreidekaffee

Er hat im Gegensatz zu Bohnenkaffee keine toxische Wirkung.

Getreidekaffee kann gleich zubereitet werden wie Bohnenkaffee und als Fertigprodukt in heißes Wasser oder heiße Milch eingerührt werden. Süßen nach Belieben.

- **Wirkung** trocknet aus – thermisch erfrischend – leitet Energie nach unten – fördert die Verdauung

- **Nicht zu empfehlen bei** Chi-Mangel – Blutmangel – Yin-Mangel – Yang-Fülle

CHAI MASALA (GEWÜRZTEE)

wenn es draußen richtig kalt ist

für ca. 1 Liter Tee

(F) ½ l heißes Wasser
(E) 2 Zimtstangen, in Stücke gebrochen
(M) 1 daumengroßes Stück Ingwerwurzel, geschält, klein geschnitten
(M) 4 Gewürznelken
(M) Pfefferkörner oder Piment
(M) 6 Kardamomkapseln
(W) ¼ l Wasser
(F) 4 TL Schwarztee
(E) ca. ¼ l Milch (Kuh-, Reis- oder Sojamilch)
(E) Honig, nach Belieben

• Dem aufkochenden Wasser • Zimt, • Ingwer, Gewürznelken, Pfefferkörner sowie Kardamomkapseln zugeben, 10 Minuten köcheln, • ¼ l Wasser zugeben, aufkochen, auf der ausgeschalteten Wärmequelle stehen lassen. • Schwarztee und • Milch zugeben, weitere 5 Minuten ziehen lassen. Nach Belieben mit Honig süßen. Abseihen und genießen!

FRÜHSTÜCK

FRÜHSTÜCK UND ZWISCHENVERPFLEGUNG

Auch wenn es heutzutage weit verbreitet ist, ohne Frühstück aus dem Haus zu gehen, sollte man das nicht tun. Das Frühstück ist wichtig für den Start in den Tag.

Am Morgen verfügen Milz und Magen über ihr ganzes Energiepotenzial und können die Nahrung optimal verstoffwechseln. Das gibt einen guten Boden, und wir können gestärkt und mit Energie und ohne Hungergefühl in den Tag starten; man startet ja auch kein Auto, ohne Benzin im Tank zu haben.

Das Frühstück ist auch wichtig bei Gewichtsproblemen. Wenn man den Körper nicht hungern lässt, versteht er auch, dass er keine Reserven (Fettpölsterchen) anlegen muss. Man isst drei- bis fünfmal täglich: 3 normale Mahlzeiten und eventuell zweimal zwischendurch eine Kleinigkeit wie Obst, Gemüse oder Nüsse, damit kein Heißhunger aufkommen kann.

Das sollte man beim Essen berücksichtigen:

- gekochte statt rohe Nahrung
- Milchprodukte reduzieren; besonders die thermisch eher kalten wie Joghurt
- eher Hart- als Weichkäse
- eher Schaf- und Ziegenmilch- als Kuhmilchprodukte
- pflanzliche Milchprodukte wie Reis- und Sojamilch, aber auch davon nicht zu viel, weil sie thermisch eher kalt sind
- Wasser trinken statt Saft, Kaffee oder Softdrinks
- Getreide statt Brot und Sandwiches, da es länger sättigt
- Reiswaffeln und Knäckebrot anstatt Snacks
- Dörrfrüchte und Nüsse für eine kleine Zwischenverpflegung
- möglichst keine industriell hergestellten Fertigprodukte

Zwischen den Mahlzeiten genug trinken, z. B. heißes Wasser; es ist sehr angenehm, wenn man sich daran gewöhnt hat!

Ein paar Anregungen für das Frühstück

Statt Brot, Knäckebrot oder Reiswaffeln kann man auch Getreide wie Weizen, Dinkel, Hafer und Gerste oder Scheingetreide wie Amarant, Quinoa, Hirse, Buchweizen und Reis essen. Getreide immer kochen, so kann es der Körper leichter verwerten.

Hin und wieder können Flocken auch roh verwendet werden, besonders wenn sie frisch gequetscht worden sind, weil sie reich an Vitalstoffen sind. Man muss selbst ausprobieren, was einem am besten bekommt.

Je nach Vorliebe / Gewohnheit wird man das Getreidefrühstück süß oder salzig zubereiten. Da das Getreide geschmacklich neutral ist, kann es nach Belieben kombiniert werden.

- **Süßes Frühstück** eingeweichte Dörrfrüchte, frische Früchte, gedünstete Früchte, Fruchtkompott, Mandelmus, geröstete Nüsse und Samen, gerösteter Buchweizen, mit Kuzu eingedickter Apfelsaft
- **Salziges Frühstück** gedünstetes Gemüse, gedünsteter Fisch oder etwas Fleisch, Tofu, verschiedene geröstete Nüsse und Samen, Kräuter, Algen, Misosuppe mit Gemüse, Eierspeisen, Sprossen

Getreide kochen

Getreide und Reis kann auf Vorrat gekocht und im Kühlschrank aufbewahrt werden. Am besten wählt man eine Tasse, mit der man 1 Portion leicht abmessen kann. Für Basmatireis Wasser und Reis im Verhältnis 1 : 1 in die Pfanne geben, aufkochen, Hitze reduzieren und den Reis bei geschlossenem Deckel 10 Minuten quellen lassen, bis er trocken ist. Vollkornreis, Weizen- und Dinkelkörner: Wasserstand maximal 2 cm über dem Getreide. Körner bei schwacher Hitze 30 bis 40 Minuten quellen lassen.

Man sollte die verschiedenen Getreide ausprobieren, um seine Vorlieben kennenzulernen. Dinkel und Weizen dürfen noch kernig sein, also Biss haben. Hirse und Polenta sollten nicht zu trocken und nicht zu matschig sein, damit sie schmecken. Etwas Experimentierfreudigkeit ist anfangs von Nutzen!

Wichtig Getreide und Scheingetreide erst nach dem Kochen salzen. Das verkürzt den Garprozess!

Damit es am Morgen schnell geht:

- Körner mit einer längeren Gar-/Quellzeit am Vorabend einweichen
- Getreide für ein paar Tage auf Vorrat kochen
- Dörrfrüchte und Hülsenfrüchte am Vorabend einweichen
- für das Abendessen mehr Getreide kochen und den Rest für das Frühstück verwenden
- Getreide vor der Morgentoilette aufsetzen. Wenn man aus dem Bad kommt, ist auch das Getreide essbereit.
- doppelte Menge Getreide kochen und Reste zur Arbeit mitnehmen
- Suppe in der Thermosflasche zur Arbeit mitnehmen

GEMÜSESUPPE MIT KUZU

Abbildung

für 2 Portionen; auch Mittag-/Abendessen

Zubereitung 20 Minuten

- F ½ l heißes Wasser
- E 4–8 Champignons, klein geschnitten, nach Belieben
- E 1 mittelgroße Karotte, klein geschnitten
- M 1 kleines Stück Ingwer, geschält, fein gerieben
- M ½ Bund Schnittlauch, fein geschnitten, ⅔ mitkochen, ⅓ für die Garnitur beiseitestellen
- W 1 Stück Wakame (Alge, Reformhaus)
- W etwas Tamari (Sojasauce), zum Würzen
- H 1 EL gehackte Petersilie
- H evtl. 1 Umeboshipflaume (Reformhaus, Makrobiotik)
- F 2 Wacholderbeeren
- E 1 TL Kuzu
- M 1 Prise Pfeffer
- W Wasser

• Kochendem Wasser • Champignons und Karotten zugeben, • Ingwer und Schnittlauch zugeben, • mit Wakame, Tamari, • Petersilie und Umeboshipflaume und • Wacholderbeeren würzen, die Suppe 10 Minuten köcheln lassen. • Kuzu mit Prise • Pfeffer in wenig • kaltem Wasser auflösen, unter die Suppe rühren, erhitzen, damit das Kuzu bindet und die Suppe wieder klar wird. • Mit restlichem Schnittlauch bestreuen. Sofort servieren!

Wichtig Kuzu gibt der Suppe eine leicht gallertartige Konsistenz.

• **Wirkung** Die Suppe stärkt Magen und Darm und gibt Kraft für den Tag.

REIS MIT PAK CHOI

für 1 Portion; auch Mittag-/Abendessen

Zubereitung 15 Minuten

- E Olivenöl oder geröstetes Sesamöl
- E 1 kleine rote Zwiebel, fein gewürfelt
- E Pak Choi oder Mangold, in Streifen
- M 1 Knoblauchzehe, fein gewürfelt
- M 1 Schuss Noilly Prat
- M frisch gemahlenen Pfeffer
- W wenig Sojasauce
- H 1 Spritzer Zitronensaft
- F 1 Prise Paprikapulver
- E wenig weiße Sesamsamen
- M 1 Tasse gekochter Reis oder gekochtes Getreide

• Öl erwärmen, Zwiebeln und Pak Choi andünsten. • Knoblauch kurz mitdünsten, mit Noilly Prat ablöschen, Gemüse knackig dünsten. Mit • Pfeffer, • Sojasauce, • Zitronensaft, • Paprika sowie • Sesamsamen würzen. • Reis unter das Gemüse mischen und erhitzen.

REIS MIT KAROTTEN UND NÜSSEN

Abbildung

für 1 Portion; auch Mittag-/Abendessen
Zubereitung 20 Minuten

- E wenig Olivenöl oder Sesamöl oder Bratbutter/Butterschmalz
- E 1 Karotte, klein geschnitten
- E 1 Handvoll Nüsse, z.B. Baum-/Walnüsse, Haselnüsse, Mandeln, nach Belieben gemischt
- M 80–100 g Basmati- oder Parfümreis
- W 1,2 dl/120 ml Wasser
- W Gomasio, nach Belieben
- H Zitronensaft oder gehackte Petersilie, nach Belieben

• Öl erwärmen, Karotten und Nüsse andünsten. • Reis zugeben und glasig dünsten. • Wasser aufgießen, aufkochen, den Reis bei schwacher Hitze kochen. Nach Belieben mit • Gomasio bestreuen (Rezept: Seite 110). Nach Belieben mit • Zitronensaft beträufeln oder gehackter Petersilie bestreuen.

• **Wirkung** stärkt und wärmt die Mitte – Gemüse und Nüsse tonisieren das Yang – Reis und Sesam (bei Zugabe von Gomasio) tonisieren das Yin – thermisch ausgewogen

STEIRISCHE EIERSPEISE MIT KÜRBISKERNÖL

für 1 Portion; auch Mittag-/Abendessen
Zubereitung 10 Minuten

- E wenig Öl
- E 2 Eier
- E 1 Schuss Rahm/Sahne
- M Grün von Frühlingszwiebel, fein geschnitten
- M frisch gemahlener Pfeffer
- W Salz
- H etwas gehackte Petersilie und/oder 1 Handvoll Sprossen
- F 1 Prise Paprikapulver
- E Kürbiskernöl, zum Beträufeln

• Öl in der Bratpfanne erhitzen, Wärmequelle ausschalten. Eier und Rahm verquirlen, in die heiße Pfanne gießen, • Zwiebelgrün und Pfeffer unterrühren, Masse stocken lassen, mit Holzlöffel immer wieder in die Mitte schieben (nicht rühren), • wenig Salz darüberstreuen. Mit • Petersilie bestreuen, • Paprika darüberstreuen. Wenn die Eierspeise unten knusprig und oben noch locker ist, auf den Teller gleiten lassen. Mit • Kürbiskernöl beträufeln.

HIRSE MIT EI UND FRÜHLINGSZWIEBELN

für 1 Portion; auch Mittag-/Abendessen

Zubereitung 15 Minuten

F 1,2 dl/120 ml heißes Wasser
E 60 g Hirsekörner
E wenig Butter oder Olivenöl oder geröstetes Sesamöl
M 1 Bund Frühlingszwiebeln, Zwiebeln in feinen Streifen, Grün in Röllchen
E 1 Ei, verquirlt
M frisch gemahlener Pfeffer
W Salz

• Dem kochenden Wasser • Hirsekörner zugeben, zugedeckt köcheln lassen, bis die Körner weich sind. ● • Butter erhitzen, • Frühlingszwiebeln andünsten, herausnehmen und beiseitestellen. ● • Verquirltes Ei in der Zwiebelpfanne stocken lassen, mit einer Gabel zerpflücken, Hirse zugeben, mit Ei mischen und leicht anbraten, • Frühlingszwiebeln mit Grün zugeben, mit Pfeffer und • Salz abschmecken.

Tipp Dieses Gericht eignet sich auch gut zur Resteverwertung von gekochtem Getreide jeder Art.

• **Wirkung** Hirse hilft, alte Feuchtigkeit zu trocknen – tonisiert das Qi der Mitte – die Frühlingszwiebeln bringen das Qi in Bewegung – Ei und Öl nähren das Yin

HIRSE-BIRNEN-BREI

Abbildung

für 1 Portion; auch Mittag-/Abendessen

Zubereitung 20 Minuten

F 1,8 dl/180 ml heißes Wasser
E 60 g Hirsekörner
E 1 reife Birne, geschält, geviertelt, entkernt, in Spalten
E wenig Honig oder Gerstenmalz oder Ahornsirup, nach Belieben
E 1 EL Rahm/Sahne, nach Belieben
E 25 g Baum-/Walnüsse, grob gehackt

• Dem kochenden Wasser • Hirsekörner (Menge Wasser/Körner 3 : 1, damit es einen Brei gibt) zugeben, etwa 10 Minuten köcheln. Birnen auf die Hirse legen, weitere 10 Minuten köcheln lassen, damit die Hirsekörner breiig verkochen. Nach Belieben süßen und mit Rahm verfeinern, Nüsse zugeben und unterrühren.

Inhaltsstoffe Hirse ist reich an Eisen, Vitamin B, Fluor und Kieselsäure; sehr gut für Haare und Nägel.

• **Wirkung** thermisch neutral bis leicht abkühlend – stärkt die Mitte – tonisiert das Qi – entgiftet – transformiert Feuchtigkeit im Körper – die Birne ist gut für das Yin der Leber – die Baumnüsse tonisieren das Yin von Niere, Lunge und Dickdarm

GEKOCHTES MÜESLI

für 2 große oder 4 kleine Portionen
Zubereitung 30 Minuten

- F 3 dl/300 ml kochendes Wasser
- H E 80 g (½ Tasse) Weizenkörner am Vorabend in Wasser eingeweicht
- H E 50 g (½ Tasse) grober Dinkelschrot
- E 50 g Baum-/Walnüsse, grob gehackt, trocken geröstet
- E 50 g geriebene Haselnüsse
- E Zimtpulver
- E 1 dl/100 ml Rahm/Sahne
- E 1 Banane
- M wenig frisch geriebener Ingwer
- M wenig Haferflocken
- W 1 Prise Salz
- H 1 säuerlicher Apfel
- H ½ Zitrone, Saft
- H 2 EL Crème fraîche oder Sauerrahm/saure Sahne
- F 1 Prise Kakaopulver
- E Honig oder Ahornsirup, zum Süßen

• Dem kochenden Wasser • eingeweichte Weizenkörner beigeben und bei schwacher Hitze etwa 30 Minuten köcheln lassen. Nach 15 Minuten Dinkelschrot unterrühren. Darauf achten, dass genug Wasser in der Pfanne ist. ● • Banane schälen und in dicke Scheiben schneiden. • Apfel schälen, vierteln, entkernen, in Würfelchen schneiden. Früchte mit Zitronensaft marinieren. ● • Getreide mit ein wenig Restwasser (damit das Müesli schön feucht wird), Nüssen, Zimtpulver, Rahm, • Ingwer, • Haferfocken, • Salz, • marinierten Früchten, Crème fraîche sowie • Kakaopulver mischen. Abschmecken mit • Honig. Müesli warm servieren.

Variante Müesli mit Rosinen und gerösteten Sonnenblumen- oder Kürbiskernen anreichern. Im Sommer Apfel und Banane durch Himbeeren ersetzen.

Zum Rezept Das Müesli ist sündhaft gut und sehr gehaltvoll. Ideal für ein Schlemmerfrühstück mit Freunden!

• **Wirkung** erfrischend bis neutral – befeuchtet und harmonisiert

SÜSSER SAFRANREIS MIT DATTELN UND APRIKOSEN

für 1 Portion; auch Mittag-/Abendessen
Zubereitung 15 Minuten

- F 1–2 EL heißes Wasser
- E ein paar Safranfäden
- M 80 g Basmatireis
- W 0,8 dl/80 ml Wasser

- E 1 TL Öl oder Bratbutter/Butterschmalz/Ghee
- E 1 Aprikose, entsteint, klein gewürfelt
- E 5–6 frische Datteln, entsteint, klein gewürfelt
- E 1 Prise Zimtpulver
- E 5–6 Mandeln, grob gehackt
- E Ahornsirup, zum Süßen

• Safranfäden im • heißen Wasser einweichen (gibt dem Reis eine schöne gelbe Farbe). • • Reis in der Pfanne schwach trocken rösten, • Wasser aufgießen, • Safranfäden zugeben, aufkochen, Reis bei schwacher Hitze 10 Minuten köcheln, bis er al dente ist. Auf ausgeschalteter Wärmequelle zugedeckt ausquellen lassen. • • Öl erwärmen, Aprikosen und Datteln bei schwacher Hitze etwa 5 Minuten dünsten, Zimt untermischen. Reis unterrühren, erhitzen, in Suppenteller anrichten, mit Mandeln bestreuen, nach Belieben mit Ahornsirup beträufeln.

Tipp Im Winter können auch eingeweichte Dörrfrüchte (über Nacht einweichen) verwendet werden. Das Einweichwasser zum Kochen der Früchte verwenden.

VOLLKORNGRIESSBREI MIT ÄPFELN

für 1 Portion
Zubereitung 10 Minuten

- E 2½ dl/250 ml Milch oder halb Milch/halb Wasser
- E 40 g Dinkel- oder Weizenvollkorngrieß
- E 1 TL Rohrohrzucker oder anderes Süßmittel
- E etwas Vanillepulver oder -zucker (oder anstelle von Rohrohrzucker 1 Briefchen echter Vanillezucker)
- E 1 kleiner Apfel, nach Belieben
- E etwas Zimtpulver

• Milch erhitzen, Grieß, Zucker und Vanille unter Rühren einrieseln lassen, 1 Minute köcheln. Wenn der Brei eindickt, Wärmequelle ausschalten und Brei zugedeckt ausquellen lassen. Apfel grob reiben und unterrühren, mit wenig Zimt abschmecken.

Tipps/Varianten Je nach gewünschter Konsistenz Brei mit mehr oder weniger Flüssigkeit zubereiten und die Kochzeit verlängern.

Im Sommer mit Saisonfrüchten anreichern. Im Winter sind auch ein Kompott und Dörrfrüchte wie Rosinen sehr fein. Im Winter kann der Grießbrei anstatt mit Zimt mit etwas frisch geriebenem Ingwer aromatisiert werden. Kuhmilch kann durch Schaf-, Ziegen-, Mandel-, Reis- oder Sojamilch ersetzt werden.

Wenn man weniger Grieß nehmen will, kann man den Brei mit Johannisbrotkernmehl oder Kuzu (wildes Pfeilwurzelmehl) binden. Brei mit Honig, Ahornsirup oder Stevia süßen. Noch gehaltvoller wird er, wenn man ein paar Butterflocken darüber verteilt oder etwas dunkle Schokolade darüberreibt.

• **Wirkung** entspannt und tonisiert Qi und Yin

PORRIDGE

für 1 Person

Zubereitung 5 bis 10 Minuten

- (W) ½ Tasse Wasser
- (E) ½ Tasse Milch
- (M) ½ Tasse feine Haferflocken
- (W) 1 Prise Salz

• Wasser erhitzen, • Milch zugeben und erhitzen. • Flocken einrühren, • salzen, unter Rühren aufkochen, Wärmequelle ausschalten. Haferflocken quellen lassen, bis der Brei die gewünschte Konsistenz hat. Bei genug Flüssigkeit wird der Brei bei längerer Kochzeit immer cremiger.

Tipp Der Porridge kann auch nur mit Wasser zubereitet werden.

Salzige Variante Etwas mehr Salz nehmen, zusätzlich ein paar Butterflocken.

Süße Variante Mit Zimtpulver und Zucker abschmecken.

Indische Variante Mit einer zerdrückten oder in Scheiben geschnittenen Banane anreichern (bei Globetrottern als «Banana Porridge» bekannt und beliebt).

Beeren Im Sommer mit Himbeeren anreichern. Himmlisch gut!

• **Wirkung** wärmend – nährend – baut Qi, Yang und Säfte auf

Leicht verdaulich, stärkend In der Krankenküche kennt man die Haferschleimsuppe, die einfach aus Haferflocken, Wasser und etwas Salz besteht und so lange gekocht wird, bis der Hafer vollständig verkocht ist. Dadurch wird die Suppe leicht verdaulich und ist auch für Kranke bekömmlich. Die Suppe gibt Kraft und Wärme bei körperlicher Anstrengung, z.B. beim Bergsteigen und langen Wanderungen bei kaltem Wetter.

POLENTA MIT KOMPOTT

für 1 Portion; auch Mittag-/Abendessen
Zubereitung 30 Minuten

Polenta

F ½ l heißes Wasser
E 80 g Maisgrieß
M 1 Prise Ingwer- oder Kardamom- oder Sternanis- oder Muskatnuss- oder Nelkenpulver

Kompott

F wenig heißes Wasser oder heißer roter Traubensaft
E 200–250 g reife Früchte (Äpfel, Birnen, Zwetschgen, Aprikosen)
E etwas Rohrohrzucker oder Honig, zum Süßen, nach Belieben
E Zimt- oder Nelkenpulver, nach Belieben

• In das kochende Wasser • Maisgrieß einrieseln lassen, zugedeckt 5 Minuten köcheln. Auf der ausgeschalteten Wärmequelle zugedeckt ausquellen lassen. ● **Tipp** Sehr feinen Maisgrieß nicht kochen, auf ausgeschalteter Wärmequelle nur ausquellen lassen. ● Für das Kompott • Früchte eventuell schälen, halbieren, entkernen oder entsteinen und in Spalten schneiden, zur kochenden Flüssigkeit geben und weich kochen, süßen. Mit Zimt- oder Nelkenpulver nach Belieben abrunden.

Variante Anstelle von Maisgrieß kann auch Reis oder Hirse verwendet werden (Verhältnis Getreide/Wasser 1 : 1, damit es körnig bleibt und nicht verkocht).

• **Wirkung** leicht erwärmend – stärkt den Mittleren Erwärmer – tonisiert das Blut – harmonisiert

BROT & BRÖTCHEN

KNÄCKEBROT

Abbildung unten

für 1 großes Backblech
Zubereitung 30 Minuten

- E 200 g Weizen- oder Dinkelvollkornmehl
- E 50 g Hirsemehl
- E 4 EL Sonnenblumen- oder Olivenöl
- M 1 Prise frisch gemahlener Pfeffer
- W ca. 1 dl / 100 ml Wasser
- W ½ TL Salz

- W Wasser oder
- E Milch oder Eigelb
- E geröstete Sonnenblumen- und Kürbiskerne (zerkleinert) oder Sesamsamen, Leinsamen, Kümmelsamen oder gehackte Haselnüsse

• Mehle mischen, Öl unterrühren, • Pfeffer darüberstreuen, • Wasser und Salz unterrühren, einen festen, geschmeidigen Teig herstellen, der gut ausgerollt werden kann. 15 Minuten ruhen lassen. • Teig auf einem Backpapier 2 mm dick ausrollen. Auf den Blechrücken ziehen und den Teig mit einer Gabel mehrmals einstechen. Mit dem Teigrädchen in Rechtecke von ca. 5 x 6 cm schneiden. Mit • Wasser bestreichen und mit • Kernen, Samen oder Haselnüssen bestreuen, vorsichtig andrücken. • Im vorgeheizten Ofen bei 200 °C etwa 15 Minuten backen. Ein wenig auskühlen lassen. In Stücke brechen.

Tipp Das Knäckebrot frisch essen oder in Vorratsdosen aufbewahren. Das Knäckebrot ist ein guter Snack für zwischendurch. Groß und Klein lieben es.

Süße Variante Nur eine Prise Salz nehmen. Mit fein gehackten Nüssen (Haselnüsse oder Baum-/Walnüsse) und Rohrohrzucker bestreuen.

BUCHWEIZEN-ROGGEN-KNÄCKEBROT

Abbildung oben

für 1 großes Backblech
Zubereitung 90 Minuten

- F 200 g Buchweizenmehl
- F 200 g Roggenmehl
- E 100 g Butter
- M 1 TL Kümmel, frisch gemahlen
- W 1 TL Meersalz
- H 250 g Schafsmilchjoghurt
- H 2 TL Weinsteinbackpulver (Reformhaus, Drogerie)

- E geröstete Sonnenblumen- und Kürbiskerne (zerkleinert) oder Sesamsamen, Leinsamen, Kümmel oder gehackte Haselnüsse

• Mehle in der Teigschüssel mischen. • Butter in Flocken zugeben und krümelig reiben. • Kümmel und • Salz unterrühren. • Joghurt und Weinsteinbackpulver verrühren, in die Teigschüssel geben, zu einem Teig zusammenfügen. Zugedeckt 1 Stunde ruhen lassen. • Teig auf einem Backpapier 3 mm dick ausrollen. Auf den Blechrücken ziehen und den Teig mit einer Gabel mehrmals einstechen. Mit dem Teigrädchen in Rechtecke von ca. 10 x 6 cm schneiden. Mit • Kernen, Samen oder Haselnüssen bestreuen, vorsichtig andrücken. • Im vorgeheizten Ofen bei 200 °C 15 bis 20 Minuten knusprig backen. Ein wenig auskühlen lassen. In Stücke brechen.

Tipp Das Knäckebrot frisch essen oder in Vorratsdosen aufbewahren (es bleibt etwa eine Woche knusprig).

APRIKOSEN-NUSS-SCHNITTEN

Abbildung

für ein großes Backblech
Zubereitung 2 Tage

- F 6 dl / 600 ml kochendes Wasser
- E 200 g Dörraprikosen
- E 1 TL Honig
- E 1 TL Zimtpulver
- E 100 g gemahlene Mandeln oder Haselnüsse, trocken geröstet
- M 80 g feine Haferflocken
- W 1 Prise Salz
- H 1 Spritzer Zitronensaft
- F ½ Orange, abgeriebene Schale
- F 1 Prise Kakaopulver

- E rechteckige Backoblaten

• Aprikosen in eine Schüssel geben, • heißes Wasser darübergießen, Früchte etwa 2 Stunden einweichen. Einweichwasser abgießen und auffangen. Aprikosen mit 4 EL Einweichwasser pürieren, Honig und Zimt unterrühren. Nüsse und • Haferflocken untermischen, • Salz, • Zitronensaft, • Orangenschale und Kakao unterrühren. ● • Backoblaten auf das Backblech legen, mit Aprikosen-Nuss-Paste bestreichen, eine zweite Oblate darauflegen, leicht andrücken. Bei Zimmertemperatur mindestens 2 Tage trocknen lassen. Mit scharfem Messer in Schnitten, Quadrate oder Rechtecke schneiden. Trocken aufbewahren.

Tipp Die ideale Zwischenverpflegung für Schule, Büro, Sport und Wanderungen.

• **Wirkung** tonisiert das Qi der Mitte – befeuchtet – thermisch neutral bis leicht erwärmend

SÜSSE WILDKRÄUTER-SCHNITTEN

für ein großes Backblech
Zubereitung 30 Minuten

- E 150 g Honig
- E 80 g Öl
- E 1 Msp Zimtpulver
- E 160 g Getreideflocken, z. B. Hafer-, Dinkel- oder Vier-Korn-Flocken
- E 60 g Sonnenblumenkerne
- E 50 g gehackte Haselnüsse
- M H 60 g Wildkräuter/-blüten, z. B. Gänseblümchen, Schafgarbenblättchen, Brennnessel, Spitzwegerich, Frauenmantel, Veilchenblüten, Kornblumenblütenblätter, fein gehackt

• Honig, Öl und Zimt in einer Pfanne erhitzen, Flocken, Kerne und Nüsse unterrühren. ● Pfanne von der Wärmequelle nehmen, • • Kräuter-Blüten-Mix unterrühren. ● Süße Flockenmasse auf einem mit Backpapier belegten Backblech verstreichen. ● Im vorgeheizten Ofen bei 160 °C 15 bis 20 Minuten backen. Das Gebäck kurz stehen lassen, noch warm in Streifen, Rauten oder Quadrate schneiden.

Tipp Die ideale Zwischenverpflegung für Schule, Büro, Sport und Wanderungen.

ENERGIEKUGELN

Abbildung

für 50 Kugeln
Zubereitung 2 Stunden

- E 130 g helles Mandelmus
- E 100 g flüssiger Honig
- E 100 g Datteln, entsteint und fein gehackt
- M 180 g feine Haferflocken
- W 1 Prise Salz
- H 1 säuerlicher Apfel
- F 1 Prise Kakaopulver
- E 70 g weiße Schokolade (Reformhaus), gut gekühlt, gehackt

- E Kokosflocken, zum Wenden

• Mandelmus, Honig und Datteln am besten im Cutter oder in der Küchenmaschine mit Messereinsatz zu einer homogenen Masse verarbeiten, • Haferflocken portionsweise einarbeiten und zu einem knetbaren Teig verarbeiten. • Salz unterrühren. • Apfel schälen, dazureiben, untermischen. • Kakaopulver und • weiße Schokolade unterrühren. Der Teig ist jetzt sehr klebrig und sollte etwa 1 Stunde in den Kühlschrank gestellt werden, bevor er weiterverarbeitet wird. • Aus der Masse kleine Kugeln formen, in den • Kokosflocken drehen. Die «Schneebällchen» in einer Dose kühl aufbewahren.

Tipp Energiekugeln nur in kleinen Mengen genießen.

• **Wirkung** tonisiert das Qi – befeuchtet – entspannt – gibt Energie

• **zu meiden bei** Yin-Fülle und feuchter Hitze

QUARKBRÖTCHEN

für 6 bis 8 Brötchen
Zubereitung 30 bis 40 Minuten

- E 200 g Weizenvollkornmehl, frisch gemahlen
- E 1 Ei
- E 50 g grob gehackte Nüsse, nach Belieben
- M 1½ TL Backpulver
- W 1 TL Salz
- H 250 g Magerquark

- E Ei, zum Bepinseln

Alle Zutaten in der Küchenmaschine oder von Hand zu einem geschmeidigen Teig kneten. • Teig portionieren und mit bemehlten Händen Brötchen formen, auf ein mit Backpapier belegtes Blech legen, kreuzweise einschneiden. Brötchen auf der zweituntersten Schiene im vorgeheizten Ofen bei 200 °C 20 bis 30 Minuten backen.

HAUSBROT

für 1 Springform oder 2 bis 3 kleine Brote
Zubereitung 1½ Stunden

- E 200 g Weizenvollkornmehl, frisch gemahlen
- E 200 g Dinkelvollkornmehl, frisch gemahlen
- E 100 g Dinkelschrot, frisch geschrotet
- E 1 TL Zucker
- M 50 g Haferflocken
- W 1 TL Salz
- W ca. 4 dl / 400 ml lauwarmes Wasser
- H 1 Briefchen Trockenhefe

• Mehle, Schrot und Zucker mischen • Haferflocken und • Salz untermischen. • Warmes Wasser und • Hefe verrühren, in die Teigschüssel geben, in der Küchenmaschine oder von Hand zu einem Teig zusammenfügen (nicht kneten!). Teigschüssel mit einem feuchten Tuch zudecken. Teig bei Zimmertemperatur 40 Minuten gehen lassen, bis er das doppelte Volumen hat. ● Springform einfetten und mehlen. Teig in die Form stürzen. Zudecken und 15 Minuten gehen lassen. Oder den Teig in 2 bis 3 Portionen teilen und auf bemehlter Arbeitsfläche Brote formen, auf ein mit Backpapier belegtes Blech legen. Nochmals 10 Minuten gehen lassen. ● Brot / Brote mit • Wasser bestreichen, mit • Mehl bestäuben. Brote / Brote in der unteren Hälfte in den kalten Ofen schieben und bei 180 °C 25 Minuten backen. Temperatur auf 240 bis 250 °C stellen, 10 Minuten backen. Ofen ausschalten. Brot / Brote im Ofen 5 Minuten ruhen lassen. Auf einem Gitter erkalten lassen.

Variante Teig mit gemahlenem Kümmel, Koriander oder Kreuzkümmel und grob gehackten Baum- / Walnüssen aromatisieren.

SUPPEN

KRAFTBRÜHE – KÖNIGIN DER SUPPEN!

Je länger die Kraftbrühe gekocht wird, umso mehr Energie enthält sie. Kraftbrühen kocht man 2 bis 8 Stunden bei schwacher Hitze. Der Topf muss groß genug sein, damit man die Zutaten mit genug Wasser aufsetzen kann und kein Wasser nachgießen muss. Für den Vorrat die Brühe heiß in Gläser mit Schraubdeckel füllen. Die Brühe kann ein Getränk sein oder zur Zubereitung von Suppen und anderen Speisen verwendet werden.

GRUNDREZEPT – FLEISCHBRÜHE

für 2 bis 2½ l Kraftbrühe

- E 1 EL Öl
- E 600 g Rindsknochen (auch Markknochen)
- E 200 g Rindfleisch (Suppenfleisch)
- E 1 mittelgroße Zwiebel
- E ½ Knollensellerie
- E 1 Petersilienwurzel
- E 1–2 Karotten
- E evtl. wenig Grünkohl (nur im Winter erhältlich)
- M etwa 3 cm Ingwerwurzel
- M 1 mittelgroßer Lauch
- W 3 Liter Wasser
- H 1 Bund Petersilie
- F 1 Zweiglein getrockneter Thymian
- E 1 Lorbeerblatt
- M 1–2 Gewürznelken
- W 1 Prise Salz oder Shoyu

• Fleisch und Knochen unter fließendem Wasser waschen. Trocknen. Zwiebel mit Schale halbieren. Sellerie, Petersilienwurzel, Karotte und Ingwer schälen, grob zerkleinern. Grobfasrige Teile beim Lauch entfernen, Stange zerkleinern. ● • Öl in einem großen Kochtopf erhitzen, halbierte Zwiebel mit Schale rösten (für eine intensive Farbe), Fleisch und Knochen mitrösten, Sellerie, Petersilienwurzel und Karotten nacheinander zugeben und andünsten. Grünkohl zugeben. • Ingwer und Lauch zugeben, rühren, damit das Gemüse nicht anbrennt. • Wasser zugeben, aufkochen, bei schwacher Hitze köcheln. Im Minutentakt • Petersilie, • Thymian, • Lorbeerblatt, • Gewürznelken und • Salz zugeben, die Brühe ohne Deckel 2 bis 8 Stunden simmern lassen. ● Grobe Teile herausfischen. Ein Spitzsieb oder ein Sieb mit einem Baumwolltuch auskleiden, Topfinhalt abseihen. Für die Vorratshaltung heiße

GRUNDREZEPT – GEMÜSEBRÜHE

Gleiche Zubereitung wie Rindsbrühe, jedoch Knochen und Fleisch weglassen.

GRUNDREZEPT – HÜHNERBRÜHE

Gleiche Zubereitung wie Rindsbrühe, jedoch Knochen und Fleisch durch ein Suppenhuhn ersetzen. Wenn man das Fleisch später als Suppeneinlage verwenden will, nimmt man das Huhn nach einer Stunde aus dem Topf und löst das Fleisch grob von den Knochen und gibt die Knochen zurück zur Brühe. Eine fettärmere Brühe bekommt man, wenn man die Haut vor dem Kochen entfernt. Für ein zusätzliches Yangisieren legt man das Huhn für 2 Stunden in Sake ein und kocht die Marinade mit.

Brühe in Gläser oder Flaschen mit Schraubverschluss füllen. Erkalten lassen. Im Kühlschrank aufbewahren. Bei Verwendung entscheidet man, ob man die Fettschicht entfernen will.

- **Wirkung** erwärmend – stärkt die Mitte – stärkt das Yin der Nieren – baut Blut auf – baut Qi auf

KLARE TOMATENSUPPE MIT KÄSECROÛTONS

für 2 Portionen; Vorspeise

Zubereitung 30 Minuten

Tomatensuppe

W ½ l Wasser
H 500 g sonnengereifte Tomaten, grob gewürfelt
F 1 Prise Paprikapulver
E 1 Prise Zucker
M 1 Prise Cayennepfeffer
M 1 Basilikumzweig, Blättchen fein geschnitten
M 1 Schuss Sherry oder Gin
W Meersalz
H Tomatenwürfelchen ohne Kerne, für die Garnitur

Käsecroûtons

E altbackenes Weißbrot, ohne Rinde, in Rauten
E 1 Eigelb
E 20 g weiche Butter
E 50 g Sbrinz oder Parmesan, frisch gerieben
M frisch gemahlener Pfeffer
W Salz
H wenig Petersilie, Blättchen von den Stielen gezupft und gehackt
F Paprikapulver

Für die Suppe • Wasser mit • Tomaten und • Paprika aufkochen, etwa 45 Minuten köcheln lassen. Abkühlen und stehen lassen, damit sich die Schwebestoffe auf dem Topfboden absetzen. Ein Spitzsieb oder ein anderes Sieb mit einem Baumwolltuch auskleiden, Topfinhalt vorsichtig abseihen. ● Kurz vor dem Servieren klare Tomatensuppe erhitzen, mit • Zucker, • Cayennepfeffer, Basilikum, Sherry und • Meersalz abschmecken. • Tomatenwürfelchen auf die Teller verteilen, Suppe dazugießen. ● Für die Käsecroûtons • Eigelb, Butter und Sbrinz verrühren, mit • Pfeffer, • Salz, • Petersilie und • Paprika würzen. • Brotstückchen in der Käsemasse wenden. Auf ein mit Backpapier belegtes Blech legen, im vorgeheizten Ofen auf Grillstufe überbacken. Warm zur Suppe servieren.

GRIESSSUPPE

für 2 Portionen; Vorspeise

Zubereitung 15 Minuten

- F ½ l heiße Gemüse- oder Fleischbrühe, Seiten 82/83, oder ½ Suppenwürfel (Reformhaus)
- E 50 g Weizen- oder Dinkelgrieß
- M wenig frisch gemahlener Pfeffer
- W wenig Salz
- H Petersilie oder
- M Schnittlauch

• In die kochende Gemüsebrühe • Grieß einrieseln, etwa 15 Minuten köcheln lassen, mit • Pfeffer und • Salz würzen. Mit • fein gehackter Petersilie oder • fein geschnittenem Schnittlauch garnieren.

EINFACHE GEMÜSESUPPE

Abbildung

für 2 Portionen; Vorspeise

Zubereitung 20 bis 30 Minuten

- E 1 TL Öl
- E 1 kleine Zwiebel, fein gewürfelt
- E 1 Karotte
- E 1 kleines Stück Knollensellerie
- E 1 festkochende Kartoffel
- E wenig Grünkohl, in Streifen
- M 1 kleiner Lauch
- W ½ l Wasser
- W Salz

Kartoffel schälen und in Spalten schneiden und diese halbieren. Karotte schälen und schräg in Scheiben schneiden. Sellerie schälen und würfeln. Beim Lauch grobfasrige Teile entfernen, in Ringe schneiden. • • Zwiebeln im Öl andünsten, Karotten und Sellerie mitdünsten, Kartoffeln und Grünkohl mitdünsten, • Lauch mitdünsten, • Wasser aufgießen. Suppe köcheln lassen, bis das Gemüse weich ist. Mit Salz abschmecken.

• **Wirkung** tonisiert den Mittleren Erwärmer – baut Yang und Qi auf – harmonisiert

SCHNELLE ZUCCHINICREMESUPPE

für 2 Portionen; Vorspeise
Zubereitung 20 Minuten

E 1 TL Öl
E 1 kleine Zwiebel, fein gewürfelt
E 1–2 Zucchini, ungeschält, gewürfelt
E 1 mittelgroße mehligkochende Kartoffel, geschält, gewürfelt
M frisch gemahlener Pfeffer
W Salz
W 3 dl / 300 ml Wasser oder Gemüsebrühe, Seite 83
H 1 Spritzer Zitronensaft
F 1 Prise Paprikapulver
E ½–1 dl / 50–100 ml Rahm / Sahne

• Zwiebeln im Öl andünsten, Zucchini mitdünsten, Kartoffeln zugeben, mit • Pfeffer und • Salz würzen, Wasser aufgießen, • Zitronensaft und • Paprikapulver zugeben, köcheln lassen, bis die Kartoffeln weich sind. Suppe fein mixen. • Rahm zugeben, aufkochen und aufmixen. Sofort servieren.

• **Wirkung** stärkt die Mitte – tonisiert Qi und Yin

KAROTTEN-ORANGEN-SUPPE

Abbildung

für 2 Portionen; Vorspeise
Zubereitung 25 Minuten

E 1 TL Öl
E 1 kleine rote Zwiebel, fein gewürfelt
E 300 g Karotten, geschält, klein gewürfelt
E ½ TL Zucker
M ½ daumengroßes Stück Ingwer, flach gedrückt
W ½ l Wasser
H F 1 Bio-Orange, abgeriebene Schale und Saft
F 1 Prise Paprikapulver
E 2 EL Rahm / Sahne
M frisch gemahlener Pfeffer
W Salz

H Orangenstückchen, für die Garnitur

• Öl erwärmen, Zwiebeln, Karotten und Zucker zugeben und einige Minuten andünsten, • Ingwer zugeben und kurz weiterdünsten, • Wasser aufgießen, aufkochen, bei schwacher Hitze köcheln lassen, bis die Karotten weich sind. Ingwer entfernen. Suppe pürieren. • Orangensaft zur Suppe geben, • Orangenschale und Paprikapulver unterrühren, • Rahm unterrühren, mit • Pfeffer und • Salz abrunden.

• **Wirkung** harmonisiert – stärkt das Qi der Mitte – tonisiert das Yin – thermisch ausgeglichen

RANDENSUPPE

Abbildung

für 2 Portionen; Vorspeise, kleine Mahlzeit
Zubereitung 30 bis 40 Minuten

- E 1 TL Olivenöl
- E 1 kleine rote Zwiebel, fein gewürfelt
- E 2 mittelgroße rohe Randen / Rote Beten, geschält, gewürfelt
- M frisch gemahlener Pfeffer
- M 1 Lorbeerblatt
- W 5–8 dl / 500–800 ml Wasser
- W Salz
- H 1 EL Apfelessig
- F 1 Prise getrockneter Thymian
- E wenig Rahm / Sahne
- M 1 EL frisch geriebener Meerrettich
- W Salz
- H 2 EL Crème fraîche / Sauerrahm, für die Garnitur
- H Dill, für die Garnitur

• Öl erwärmen, Zwiebeln und Randen andünsten, • Pfeffer und Lorbeerblatt zugeben, • Wasser aufgießen, aufkochen, köcheln lassen, bis die Randen weich sind. Lorbeerblatt entfernen. Suppe pürieren. Suppe erhitzen, je nach Konsistenz mit • Wasser verdünnen, leicht salzen, • Apfelessig unterrühren, • Thymian unterrühren, • Rahm unterrühren, • Meerrettich unterrühren, mit • Salz abschmecken, anrichten. Randensuppe mit • Crème fraîche und abgezupftem Dill garnieren.

Zum Rezept Ein wunderbares Herbst- und Wintersüppchen.

• **Wirkung** erwärmend – tonisiert das Qi der Mitte – harmonisierend – löst Blutstagnation – baut Qi auf – baut Blut und Säfte auf

CHAMPIGNONSUPPE MIT THYMIAN

2 Portionen; Vorspeise, kleine Mahlzeit
Zubereitung 15 bis 20 Minuten

- E 1 EL Bratbutter / Ghee oder Olivenöl
- E 150 g Champignons, in Scheiben
- E 1 kleine Zwiebel, fein gewürfelt
- E 1 TL Pfeilwurzelmehl (Kuzu) oder Johannisbrotkernmehl
- M frisch gemahlener Pfeffer
- M 1 Prise Muskatnuss
- W 2½ dl / 250 ml Wasser
- W Salz
- H 1½ dl / 150 ml Weißwein
- F Thymian, fein gehackt
- E ½–1 dl / 50–100 ml Rahm / Sahne

• Bratbutter erhitzen, Pilze zugeben und andünsten, Zwiebeln mitdünsten, mit Pfeilwurzelmehl bestäuben, mit • Pfeffer und Muskatnuss würzen, • Wasser aufgießen, salzen, aufkochen, • Weißwein zugeben, aufkochen, Suppe bei schwacher Hitze etwa 8 Minuten köcheln lassen, mit • Thymian abschmecken, mit • Rahm verfeinern, kurz köcheln lassen.

• **Wirkung** Champignons leiten Hitze aus und helfen, alte Feuchtigkeit auszuleiten

KARTOFFEL-PASTINAKEN-SUPPE

für 2 Portionen; Vorspeise, kleine Mahlzeit
Zubereitung 20 bis 25 Minuten

- E 1 TL Bratbutter/Ghee oder Olivenöl
- E 1 kleine Zwiebel, fein gewürfelt
- E 200 g Pastinaken, geschält, gewürfelt
- E 1 Prise Rohrohrzucker
- E 1 mittelgroße mehligkochende Kartoffel, geschält, gewürfelt
- M 1 kleine Knoblauchzehe, fein gewürfelt
- W 2½ dl/250 ml Gemüsebrühe, Seite 83
- H ½ dl/50 ml Weißwein
- F 1 Prise Paprikapulver
- E ½ dl/50 ml Rahm/Sahne
- M 1 Prise Muskatnuss
- M 1 Prise Pfeffer
- W Salz

• Bratbutter erhitzen, Zwiebeln und Pastinaken zugeben und andünsten, Rohrohrzucker darüberstreuen und weiterdünsten, Kartoffeln unterrühren, • Knoblauch unterrühren, kurz dünsten, • Gemüsebrühe aufgießen, aufkochen, Suppe bei schwacher Hitze kochen, bis die Kartoffeln und die Pastinaken weich sind, • Weißwein zugeben, • Paprikapulver unterrühren, • Rahm unterrühren, Suppe pürieren, nochmals erhitzen, mit • Muskatnuss und Pfeffer abschmecken, • mit wenig Salz abrunden.

Variante Im November eine geschälte, zerkleinerte vollreife Kaki mitpürieren, quasi als letzter Gruß der Sonne im Grau des Herbstes.

• **Wirkung** thermisch leicht erwärmend – stärkt die Mitte – baut Qi und Säfte auf

EXOTISCHE KÜRBISSUPPE

für 4 Personen; Vorspeise
Zubereitung 1 Stunde

- E 1 EL Olivenöl
- E 2 Schalotten, fein gewürfelt
- E 500 g Kürbis, z. B. Muscade de Provence, geschält, grob gewürfelt
- E 2 Lorbeerblätter
- M 10–20 g Ingwer, geschält, fein gerieben
- M 1 TL Madrascurry
- M 1 Gewürzsäckchen: 5 Kardamomkapseln, 2 Sternanis, ½ Zimtstange
- M 1 dl/100 ml weißer Portwein
- W H 4 dl/400 ml Hühnerbrühe, Seite 83
- H 1 dl/100 ml Weißwein
- F 1 Prise Paprikapulver
- E 1½ dl/150 ml Rahm/Sahne
- M Cayennepfeffer
- W Salz
- H 2–3 EL Apfelessig
- E wenig geschäumte Milch, für die Garnitur
- E Kürbiskernöl, zum Beträufeln
- E geröstete Kürbiskerne, gehackt

• Olivenöl erwärmen, Schalotten andünsten, Kürbis mitdünsten, Lorbeerblätter • Ingwer, Curry und Gewürzsäckchen zugeben, mit Portwein ablöschen, • • Hühnerbrühe aufgießen, Weißwein zugeben, 30 Minuten köcheln lassen. Lorbeer und Gewürzsäckchen entfernen, Suppe pürieren. Mit • Paprika erhitzen, • Rahm zugeben, kurz köcheln, mit • Pfeffer, • Salz und • Apfelessig abschmecken. Anrichten. Mit • geschäumter Milch garnieren, mit Kürbiskernöl beträufeln, mit Kürbiskernen bestreuen.

• **Wirkung** sehr wärmend – vertreibt Kälte – bewegt das Qi – löst Stau

SALATE

TABOULEH

Abbildung

für 4 Personen; Mahlzeit
Zubereitung 2 Stunden

- E 200 g Bulgur oder Couscous
- M frisch gemahlener Pfeffer
- W 2½ dl / 250 ml Gemüsebrühe, Seite 83
- E 2 EL Olivenöl
- H 2–3 Tomaten, klein gewürfelt, oder 10 Cherrytomaten, halbiert
- F 100 g Fetawürfelchen
- F einige Oliven, entsteint
- E 1 kleine Freilandgurke, geschält, gewürfelt
- M 1 kleine Zwiebel, fein gewürfelt
- M 2–3 Minzeblättchen, fein geschnitten
- M wenig Dill, fein gehackt
- M 1 Knoblauchzehe, fein gewürfelt
- W wenig Salz
- M 1 Bund Petersilie, Blättchen abgezupft und gehackt
- H 1 Zitrone, Saft

• Bulgur mit • Pfeffer aromatisieren, • mit heißer Gemüsebrühe übergießen, zugedeckt quellen lassen. • Olivenöl unterrühren. ● • Tomaten, • Feta, Oliven und • Gurken mischen, mit Bulgur vermengen, • Zwiebeln, Minze sowie Dill untermischen, Knoblauch mit • Salz zerdrücken und untermischen, • Petersilie untermischen, mit • Zitronensaft abschmecken. Mindestens 60 Minuten kühl stellen. Ein wunderbares Gericht an heißen Sommertagen!

• **Wirkung** erfrischend – tonisiert Yin

RANDENTATAR MIT WARMEM FORELLENFILET

für 2 Portionen; Vorspeise
Zubereitung 1 Stunde

- F E 2 kleine Randen / Rote Beten
- E wenig Kümmel
- M frisch gemahlener Pfeffer
- W Salz
- M 1 kleine rote Zwiebel, fein gewürfelt

- W 2 geräucherte Forellenfilets
- E Blattsalat und / oder Sprossen, für die Garnitur

Sauce

- H 1 TL Balsamico
- H 1 EL Crème fraîche
- H 2 Cornichons, fein gewürfelt
- F 20 g Kapern, fein gehackt
- E 1 Prise Zucker
- M ½ TL Worcestersauce
- M 1 Spritzer Tabascosauce
- W wenig Salz
- H wenig gehackte glattblättrige Petersilie

Backofen auf 180 °C vorheizen. • • Randen auf Alufolie legen und mit Kümmel, • Pfeffer und • Salz bestreuen, in die Alufolie einwickeln, auf ein Backblech legen. Bei 180 °C etwa 45 Minuten garen, bis die Randen bissfest sind. Abkühlen lassen. Randen schälen, in sehr kleine Würfelchen schneiden, mit • Zwiebeln und Sauce mischen, 15 Minuten marinieren. ● • Forellenfilets aufrollen und in der Restwärme des Ofens (etwa 100 °C) erwärmen. ● Randentatar anrichten: Eine runde Ausstechform auf den Teller legen, Randen einfüllen, gut andrücken (2 Köpfchen je Teller). Fisch dazulegen. Garnieren.

Tipp Randen / Rote Beten für den Vorrat garen.

TOMATENSALAT MIT AVOCADO

für 2 Portionen; Vorspeise
Zubereitung 45 Minuten

- H 500 g sonnengereifte Tomaten
- F wenig Thymian, Blättchen abgezupft
- E 1 reife Avocado

Dressing

- W 1 EL Sojasauce
- H ½ Zitrone, Saft
- H wenig glattblättrige Petersilie, Blättchen abgezupft und gehackt
- F einige Rosmarinnadeln, fein gehackt
- E 1 Prise Zucker
- E 2–3 EL Olivenöl
- M 1 kleine Zwiebel, fein gewürfelt
- M wenig Senf

- E einige Pinienkerne, trocken geröstet
- M 1 Bund Basilikum, Blättchen abgezupft und in feinen Streifen

Bei den • Tomaten den Stielansatz ausstechen, Tomaten halbieren, in Spalten schneiden. • Thymian darüberstreuen. • Avocado halbieren, Stein entfernen, Fruchtfleisch aus der Schale lösen und in Spalten schneiden. ● Zutaten für das Dressing der Reihe nach verrühren. ● Tomaten und Avocado mit dem Dressing mischen, 30 Minuten marinieren. ● Anrichten. Salat mit • Pinienkernen und • Basilikum garnieren.

BRÜSSELER ENDIVIE MIT ORANGEN

für 2 Portionen; Vorspeise
Zubereitung 20 Minuten

- F 2 mittelgroße Brüsseler Endivien / weißer Chicorée
- E Öl, zum Dünsten
- E Rohrohrzucker
- H 1 Orange

Dressing

- E 1 TL Olivenöl
- M 1 TL grobkörniger Senf
- W Salz
- H Orangensaft
- F 1 Prise Kurkuma

- M frisch zerstoßener rosa Pfeffer

• Hüllblätter der Brüsseler Endivie entfernen, längs halbieren, auf der gewölbten Seite in wenig • Öl andünsten, Schnittflächen mit wenig Zucker bestreuen, wenden, Gemüse bei schwacher Hitze 10 bis 15 Minuten dünsten. ● • Für die Garnitur Orange schälen, auch die weiße Haut entfernen, Frucht längs halbieren, aus einer Hälfte Fruchtfilets herausschneiden, zweite Hälfte für Dressing auspressen. ● Für das Dressing Zutaten der Reihe nach verrühren. ● Brüsseler Endivie auf Teller legen, mit Orangenfilets garnieren, mit Dressing beträufeln und rosa Pfeffer bestreuen. Warm servieren.

• **Wirkung** senkt das Qi – nährt die Säfte

SPARGEL-TOMATEN-SALAT

für 2 Portionen; Vorspeise oder kleine Mahlzeit
Zubereitung 30 Minuten

- F 1½ dl / 150 ml heißes Wasser
- E 1 Stück Butter
- E 1 Prise Zucker
- E 400 g weißer Spargel
- E 1 hart gekochtes Ei, geschält, geachtelt oder gewürfelt
- H 2 vollreife Tomaten

Dressing

- E 2 EL Olivenöl
- M 1 kleine rote Zwiebel, fein gewürfelt
- M frisch gemahlener Pfeffer
- M 1 TL Senf
- M 1 Bund Schnittlauch, fein geschnitten
- M 1 Zweig Dill, fein geschnitten
- W Salz
- H ½ Zitrone, Saft
- F 1–1½ dl / 100–150 ml heißes Spargelkochwasser

Spargel schälen, bis alles Holzige entfernt ist, Schnittstelle frisch anschneiden, Stangen in 4 cm lange Stücke schneiden. Tomaten schälen, Seite 134, Tomaten vierteln und in Würfel schneiden. ● • Dem kochenden Wasser • Butter, Zucker und weißen Spargel zugeben, 20 bis 30 Minuten köcheln lassen, bis der Spargel gar ist. Vorsichtig in ein Sieb abgießen und den Fond (für das Dressing) auffangen. ● Dressing zubereiten. ● Tomaten, Spargel und Ei auf Suppenteller oder -schalen verteilen. Das Dressing darübergießen. Der Spargel soll schwimmen! Noch lauwarm servieren.

• **Wirkung** kühlend – erfrischt das Yin von Lunge, Niere und Leber

LACHS-FORELLEN-TATAR

für 2 Portionen; Vorspeise oder kleine Mahlzeit
Zubereitung 2 Stunden

- W 150 g frisches Lachsfilet «Sushiqualität», ohne Haut und Gräten, klein gewürfelt
- W 1 geräuchertes Forellenfilet, klein gewürfelt
- H 1 EL Zitronensaft
- H 1–2 Cornichons, fein gewürfelt (Brunoise)
- F 1 Prise Paprikapulver
- E 1 EL Frischkäse
- M 1 kleine rote Zwiebel, fein gewürfelt
- M frisch gemahlener Pfeffer
- M 1 Zweig Dill, gehackt
- W wenig Salz
- H etwas Crème fraîche oder Sauerrahm / saure Sahne

- M Dill, für die Garnitur

Zutaten der Reihe nach mischen. Im Kühlschrank 2 Stunden ziehen lassen. ● Fischtatar mit zwei Esslöffeln portionieren, d. h. Klößchen abstechen. Oder einen runden Ausstecher auf den Teller setzen und das Fischtatar einfüllen und andrücken. Ring vorsichtig entfernen. Mit Dill garnieren.

Tipp Mit warmer Baguette servieren.

RANDENSALAT MIT MEERRETTICH

für 2 Portionen; Vorspeise
Zubereitung 20 Minuten

- E 2 gekochte Randen / Rote Beten

Dressing

- E 2 EL Sonnenblumenöl
- M ½ Zwiebel, in feinen Ringen
- M 1 EL frisch geriebener Meerrettich
- M 1 Prise gemahlene Koriandersamen
- M frisch gemahlener schwarzer Pfeffer
- W Kräutersalz oder Maldon Salt Flakes
- H 1 EL Apfelessig

- F zarter Löwenzahn und / oder Rucola
- F Gänseblümchen

• Randen schälen und in feine Scheiben hobeln. • Für das Dressing die Zutaten der Reihe nach verrühren. Randen zugeben und mit dem Dressing vorsichtig mischen. 15 Minuten ziehen lassen. • Blattsalat auf Teller verteilen, Randensalat darauf anrichten, mit Gänseblümchen garnieren.

• **Wirkung** baut Blut auf – löst Stagnation

WARMER LAUCHSALAT MIT RÄUCHERTOFU

Abbildung

für 2 Portionen; Mahlzeit
Zubereitung 20 Minuten

- F wenig heißes Wasser
- E einige Tropfen Sesamöl
- M 200 g Lauch
- W etwas Salz
- F 150 g geräucherter Tofu, gewürfelt, in wenig Öl gebraten
- E 1 kleiner, süßer Apfel
- F 1 Brüsseler Endivie / weißer Chicorée

Dressing

- H 1 EL Apfelessig
- F 1 Prise Kurkuma
- F einige Thymianblättchen, gehackt
- E 2–3 EL Haselnussöl
- M frisch gemahlener Pfeffer
- M 1 Prise milder Curry
- W 1 EL Sojasauce
- H wenig Zitronensaft

• Zum kochenden Wasser • Sesamöl geben. Grobfasrige Teile beim • Lauch entfernen, Stangen in 1 cm dicke Scheiben schneiden, in die Pfanne geben und knackig dünsten. • Für das Dressing Zutaten der Reihe nach verrühren. • • Räuchertofu mit dem Dressing mischen. • Apfel halbieren, entkernen, eine Hälfte in Würfelchen schneiden und zum Tofu geben. • Lauch noch lauwarm untermischen. • • Brüsseler Endivie in die Blätter zerlegen, fächerförmig auf Teller legen. • Zweite Apfelhälfte in feine Spalten schneiden und zwischen die Blätter legen. Lauchsalat dazugeben.

POULETSALAT MIT ANANAS UND REIS

für 2 Portionen; Mahlzeit
Zubereitung 2 bis 3 Stunden

- (H) 200–250 g gekochtes Poulet-/Hühnerfleisch, enthäutet, in Streifen
- (F) 1 Prise Paprika
- (E) 1 kleine Dose (140 g) Ananas, gewürfelt
- (M) 150 g gekochter Reis

Dressing

- (E) Ananassaft (aus der Dose)
- (M) frisch gemahlener Pfeffer
- (M) milder und scharfer Curry
- (M) Senf
- (W) Salz
- (H) Crème fraîche/Sauerrahm oder halb Crème fraîche/halb Naturjoghurt

• Etwa die Hälfte des Ananassafts in eine Schüssel geben, mit • Pfeffer, Curry, Senf und • Salz würzen. So viel Crème fraîche zugeben, dass eine sämige Sauce entsteht. • • Poulet, • Paprika, • Ananas und • Reis mit dem Dressing mischen. Für ein paar Stunden in den Kühlschrank stellen. Je nach Konsistenz restlichen Ananassaft mit Prise Pfeffer ins (M) Element bringen und untermischen.

Tipps Der Salat ist eine wunderbare Resteverwertung, wenn man zum Beispiel eine Hühnerkraftbrühe gekocht oder noch Pouletreste hat. Die Gewichtsangaben sind Richtwerte, sie können also nach Belieben geändert werden. Wer keine Reste hat, kann Pouletbrüstchen in einer Gemüsebrühe pochieren, d.h. Fleisch in einen Topf geben, mit Gemüsebrühe bedecken, aufkochen und auf der ausgeschalteten Wärmequelle zugedeckt 30 Minuten stehen lassen.

Orangen-Poulet-Reis Ananassaft durch Orangensaft ersetzen. Dem Dressing Orangenstückchen und etwas Zimt und eventuell ein paar Rosinen oder geröstete Mandelsplitter beigeben. Reis mit einer mit Gewürznelken gespickten Zwiebel dünsten. Den Pouletsalat in halbierten, sauber ausgehöhlten Orangenschalen servieren – ein Hingucker!

ZUCCHINIPÄCKCHEN MIT ZIEGENWEICHKÄSE

für 2 Portionen; Vorspeise
für 4 Päckchen
Zubereitung 12 Stunden

F 1 runder Ziegenweichkäse (z.B. Chavroux, Crottin de Chavignol, Chèvre fermier)
H F M gehackte Kräuter, z.B. Petersilie, Thymian, Basilikum
F 1 Bio-Zitrone, wenig abgeriebene Schale
E Olivenöl
M frisch gemahlener Pfeffer
W 1 Msp Salz

E 1 mittelgroße Zucchino
H Zitronensaft
M Schnittlauchhalme

F Blattsalat
H Balsamico

• • • Aus Kräutern, • Zitronenschale, • Olivenöl, • Pfeffer und • Salz eine Marinade rühren. • Ziegenkäse in die Marinade legen und über Nacht marinieren. ● Zur Weiterverarbeitung kleine Medaillons (ca. 2 cm hoch) schneiden. ● Zucchini beidseitig kappen, nicht schälen. Auf dem Gemüsehobel in möglichst breite, 1 mm dünne Streifen hobeln. Streifen in kochendem Wasser blanchieren, herausnehmen und trocken tupfen. Schnittlauchhalme auch blanchieren. ● • Zucchinistreifen mit • Zitronensaft beträufeln. 2 Zucchinistreifen kreuzweise aufeinanderlegen. Ziegenweichkäsemedaillons in die Mitte legen, Zucchinistreifen nach oben legen und mit • Schnittlauchhalmen zusammenbinden (oder mit Zahnstochern fixieren). Zucchinipäckchen auf ein mit Backpapier belegtes Backblech legen, im vorgeheizten Ofen bei 200 °C 10 bis 15 Minuten backen, bis die Zucchini etwas Farbe angenommen haben und der Käse zu schmelzen beginnt. ● Zucchinipäckchen mit einem • Blattsalatsträußchen anrichten, Salat mit • Balsamico beträufeln.

Varianten Wenn man keine Zeit zum Marinieren des Käses hat, kann man ihn vor dem Einpacken in die Zucchinistreifen mit etwas Zatar (Seite 110) bestreuen.

KABISSALAT

für 2 Portionen; Vorspeise
Zubereitung 45 Minuten

E ½ kleiner Weißkabis/-kohl
M ½ TL Kümmelsamen, von Hand verrieben
W wenig Salz

Dressing

H 2 EL Apfelessig
F 2 EL heißes Wasser
E 2 EL Olivenöl
E 1 große Prise Zucker
M wenig Senf
M frisch gemahlener Pfeffer
W Salz

• Kabis in feine Streifen schneiden, von Hand kräftig kneten, damit die Zellen aufgeschlossen werden. Mit • Kümmel und • Salz mischen. ● Zutaten für das Dressing nacheinander verrühren. Kabis zugeben und gut mischen. Bei Zimmertemperatur 30 Minuten ziehen lassen.

Winterlicher Salat Mit Rosinen E und einer Prise Zimt M anreichern.

Cole Slaw (amerikanische Variante)
Salat mit wenig geriebenem Apfel E und wenig geriebener Karotte E und grob gehackten Baum-/Walnüssen E anreichern und das Öl durch Crème fraîche oder Sauerrahm/saure Sahne (original wird Mayonnaise verwendet) ersetzen. Im Kühlschrank 2 Stunden ziehen lassen.

GEBACKENE ZWIEBELN MIT THUNFISCHSAUCE

für 4 Portionen; Vorspeise
Zubereitung 30 bis 40 Minuten

M 10–12 kleine rote oder weiße Zwiebeln
E Olivenöl

Thunfischsauce

E 1 Eigelb
E 1–1½ dl/100–150 ml Olivenöl oder Sonnenblumenöl
M 1 TL Senf
M frisch gemahlener Pfeffer
W Salz
H ½ Zitrone, Saft
W 1 Dose (200 g) Thunfisch, abgetropft, fein zerpflückt
W 1–2 Sardellenfilets, zerdrückt, oder 1 EL Sardellenpaste
H Naturjoghurt, zum Verdünnen
F Kapern

• Zwiebeln schälen und in eine Gratinform setzen, mit • Olivenöl beträufeln. Im vorgeheizten Ofen bei 200 °C 20 bis 30 Minuten backen. ● • Eigelb in eine Schüssel geben, Öl unter Rühren mit dem Handmixer oder dem Schneebesen langsam zugeben, mit • Senf, Pfeffer, • Salz und • Zitronensaft würzen, • Thunfisch und Sardellen unterrühren. Je nach Konsistenz mit wenig • Naturjoghurt verdünnen. • Kapern unterrühren. Über die noch lauwarmen Zwiebeln verteilen.

Zum Rezept Die Thunfischsauce ist normalerweise Bestandteil des Vitello Tonnato. Sie passt wunderbar zu den gebratenen Zwiebeln, aber auch zu Getreideburgern, Dinkelbraten und Hackfleischbällchen oder als Dip zu sommerlichem Gemüse.

SAUCEN, DIPS, GEWÜRZMISCHUNGEN

TAHIN-JOGHURT-SAUCE

Zubereitung 10 Minuten

- H 1 Becher Naturjoghurt
- H wenig Zitronensaft
- F 1 Prise Paprikapulver
- E Tahin (Sesampaste), aus dem Reformhaus
- M frisch gemahlener Pfeffer
- M 1 Knoblauchzehe, sehr fein gewürfelt
- W 1 Prise Salz
- H fein gehackte Petersilie

• Zum Joghurt nacheinander Zitronensaft, • Paprika, • Tahin (Menge nach Belieben), • Pfeffer und mit • Salz vermischten • Knoblauch geben. Die Hälfte der • Petersilie unterrühren, Rest über die Joghurtsauce streuen.

HUMMUS

Dip

Zubereitung 12 Stunden

- W 150 g Kichererbsen, über Nacht eingeweicht
- W Wasser
- H 2 EL Zitronensaft
- F 1 Prise Paprikapulver
- E 2 EL Olivenöl
- E 2 EL Tahin (Sesampaste), aus dem Reformhaus
- M 2 Knoblauchzehen, sehr fein gewürfelt
- W Salz

• Eingeweichte Kichererbsen abgießen, mit frischem Wasser aufsetzen, aufkochen, Erbsen bei schwacher Hitze 30 bis 45 Minuten weich kochen, abgießen (etwas Kochwasser aufbewahren) und erkalten lassen. Kichererbsen fein pürieren, nacheinander • Zitronensaft, • Paprikapulver, • Olivenöl, Tahin und mit wenig • Salz vermischten • Knoblauch unterrühren. Je nach Konsistenz mit wenig • Kochwasser verdünnen.

Tipp Mit warmem Fladenbrot servieren.

• **Wirkung** Kichererbsen gehören zu den Hülsenfrüchten und sind sehr gesund – sie stärken das Qi von Milz und Nieren – sie sind thermisch eher neutral (nicht so kühl wie Sojabohnen)

GRIECHISCHES KNOBLAUCH-KARTOFFELPÜREE

Dip oder Beilage

Zubereitung 30 Minuten

- E 300 g mehligkochende Kartoffeln
- E 4 EL Olivenöl
- M Knoblauch, fein gewürfelt, nach Belieben
- M frisch gemahlener Pfeffer
- W Salz
- H 1½ EL Essig
- H fein gehackte Petersilie, für die Garnitur

• Kartoffeln in der Schale weich kochen, noch heiß schälen, durch Passevite / Flotte Lotte drehen. Olivenöl, • Knoblauch, Pfeffer, • Salz und • Essig unterrühren. Mit Petersilie garnieren.

Tipp Als Vorspeise mit Fladen- oder Weißbrot servieren.

FETA-DIP

Zubereitung 10 Minuten

- H ½ Becher Naturjoghurt oder Crème fraîche / Sauerrahm
- F 1 Prise Paprikapulver
- F 100 g Feta, fein gehackt oder zerbröselt, je nach Konsistenz
- E 1 Msp Zucker
- M frisch gemahlener Pfeffer
- M 1 kleine Knoblauchzehe, sehr fein gewürfelt
- W Salz
- H einige Zweiglein Petersilie, Blättchen abgezupft und gehackt
- H ½ Bund Koriander, nach Belieben

Dem • Joghurt • Paprika, Feta, • Zucker, • Pfeffer, mit • Salz vermischten • Knoblauch und • Kräuter zugeben.

Tipp Passt als Dip zu Rohkost, zu gegrilltem Gemüse, zu Kartoffeln, zu gegrilltem Fleisch oder als Aufstrich auf Fladenbrot.

AUBERGINENMUS – BABA GANOUSH

Zubereitung 45 Minuten

- E 500 g Auberginen
- E 1½ EL Tahin (Sesampaste), aus dem Reformhaus
- E 1½ EL Olivenöl
- M frisch gemahlener Pfeffer
- M gemahlener Kreuzkümmel
- M 1 Knoblauchzehe, durchgepresst
- W Salz
- H 1½ EL Zitronensaft
- F 1 Prise Paprikapulver

• Auberginen mit einer Gabel einige Male einstechen, auf ein Backblech legen. Im vorgeheizten Ofen bei 220 °C 30 bis 40 Minuten backen, bis die Haut schwarz und das Fruchtfleisch weich ist. Etwas abkühlen lassen. Auberginen längs halbieren. Fruchtfleisch mit einem Esslöffel aus der Schale lösen, mit einer Gabel grob zerdrücken, so dass eine musige Masse entsteht. • Tahin und Olivenöl unterrühren. • Pfeffer, Kreuzkümmel, mit • Salz vermischten • Knoblauch, • Zitronensaft und • Paprika nacheinander unterrühren.

Zum Rezept Das Auberginenmus wird im Orient mit warmem Fladenbrot gedippt. Es kann zusätzlich mit gehackter Petersilie H bestreut werden.

• **Wirkung** Auberginen sind eigentlich thermisch kühl. Durch das Grillen werden sie eher neutral. Sesam ist ein Yin-Tonikum und reich an Mineralstoffen.

GUACAMOLE

Zubereitung 10 Minuten

- H ½ Zitrone, Saft
- F 1 große Prise Paprikapulver
- E 1 reife Avocado
- M frisch gemahlener Pfeffer
- M 1 große Knoblauchzehe, fein gewürfelt
- W Salz
- H 1 EL Crème fraîche

• Zitronensaft und • Paprika verrühren. • Avocado halbieren, entsteinen, Fruchtfleisch mit einem Esslöffel aus der Schale lösen und mit dem Zitronensaft fein zerdrücken, • Pfeffer, mit • Salz vermischten • Knoblauch und • Crème fraîche unterrühren.

Tipp Guacamole als Dip oder Brotaufstrich servieren.

Varianten Guacamole mit fein gehackten Kräutern wie Petersilie, Koriander und Minze aromatisieren oder mit Tomaten-/Peperoni-/ Gemüsepaprikawürfelchen anreichern oder mit Chili oder Piri Piri pikant abschmecken.

SCHNELLE ERDNUSSSAUCE

Zubereitung 10 Minuten

- E ½ EL Olivenöl oder Erdnussöl
- E ½ kleine Zwiebel, fein gewürfelt
- E 50 g geröstete Erdnüsse, ungesalzen, im Mörser grob zerstoßen
- M ½ Knoblauchzehe, fein gewürfelt
- M ½ TL frisch geriebener Ingwer
- M etwas Chilipulver
- W 1 Prise Salz
- H ½ EL Zitronensaft
- F 1 Prise Paprikapulver
- E 1 EL Honig oder 1 EL Rohrohrzucker
- E 100 g Kokosnussmilch oder 1 dl Rahm/Sahne
- M Pfeffer
- W Salz

• Zwiebeln im Öl andünsten, Erdnüsse zugeben, • Knoblauch, Ingwer und Chili unterrühren, • Salz, • Zitronensaft und • Paprika unterrühren, • Honig unterrühren, Kokosmilch zugeben, Sauce bei schwacher Hitze 5 Minuten köcheln lassen, abschmecken mit • Pfeffer und • Salz.

Tipp Passt zu Pouletspießchen, Getreidebällchen, gegrilltem Fleisch, als Dip zu Gemüse.

DUKKAH – AFRIKANISCHE GEWÜRZMISCHUNG

- E 1 EL (20 g) Haselnüsse
- E 1 EL Cashewkerne
- E 1 TL Pinienkerne
- E 1 EL weiße Sesamsamen
- E 1 TL Korianderkörner
- E 1 TL Kreuzkümmelsamen
- M 1 TL schwarze Pfefferkörner
- W 1 TL grobes Meersalz oder Maldon Salt Flakes
- F 1 TL Paprikapulver edelsüß

• Haselnüsse in kochendem Wasser blanchieren, abgießen, kalt abschrecken, schälen. ● Haselnüsse, Cashewkerne, Pinienkerne und Sesamsamen grob cuttern, in einer Bratpfanne trocken rösten, bis sie Farbe annehmen, in ein Schüsselchen geben. Koriander und Kreuzkümmel in der Nusspfanne vorsichtig rösten, bis es zu duften und zischen beginnt. ● • Koriander, Kreuzkümmel und • Pfeffer im Mörser fein zerstoßen, Nuss-/Sesammischung unterrühren, • Salz und • Paprika unterrühren.

Aufbewahren Gewürz in einem Glas mit Schraubverschluss aufbewahren.

Verwendung Gewürz über Suppen, Getreide, Reis und Salate oder einfach auf Butter- oder Quarkbrot streuen. Klassisch werden Gewürzmischungen oft mit in Öl getunktem Brot gedippt.

ZATAR – DAS GEWÜRZ AUS DEM VORDEREN ORIENT

- F 2 TL getrockneter Thymian
- M 1 TL getrockneter Majoran
- F 1 TL getrockneter Oregano
- E 2 EL weiße Sesamsamen
- W ½ TL Salz

Sesamsamen in einer Bratpfanne trocken rösten, bis sie duften und Farbe annehmen. ● Alle Zutaten im Mörser fein zerstoßen.

Verwendung siehe Dukkah

GOMASIO – GEWÜRZ AUS DER MAKROBIOTISCHEN KÜCHE

- E helle oder dunkle Sesamsamen
- W Meersalz

Verhältnis Salz und Sesamsamen 1 : 12 oder 1 : 7 (salziger)

• Sesamsamen in einer Bratpfanne trocken rösten, bis sie duften und Farbe annehmen. Noch warm im Keramikmörser mit • Meersalz zerstoßen, damit sich beides gut verbindet.

Aufbewahren Gomasio in einem Glas mit Schraubverschluss aufbewahren. Das Gewürz ist gut ein Jahr haltbar.

Verwendung siehe Dukkah

RAS AL HANOUT – GEWÜRZ AUS DEM ORIENT

eine einfache Version

- M 1 TL Nelkenpulver
- M 1 TL Ingwerpulver
- M 1 TL Kardamomsamen, ausgelöst
- M 1 TL Muskatblütenpulver
- M 1 TL Muskatnuss, gerieben
- M 1 TL schwarze Pfefferkörner
- M 1 TL Zimtpulver
- M 1 TL Piment
- F 1 TL Kurkuma
- F 1 TL Paprikapulver

Alle Gewürze zusammen im Mörser zerstoßen.

Originalrezept Es enthält bis zu 20 verschiedene Gewürze

Verwendung siehe Dukkah

HAUPTSPEISEN / BEILAGEN

KARTOFFELSOUFFLÉ MIT KRÄUTERN

Abbildung

für 2 Portionen
Zubereitung 1¼ Stunden

- E 400 g mehligkochende Kartoffeln
- E 4 Eier
- M 1 Knoblauchzehe, fein gewürfelt
- M Muskatnuss
- M Pfeffer
- W ¾ TL Salz
- H 200 g Sauerrahm / saure Sahne
- H 1 Bund Basilikum oder gemischte Kräuter
- F 1 Prise Paprikapulver
- E 50 g geriebener Bergkäse

- E Butter
- E Paniermehl

Gratinform einfetten und mit • Paniermehl ausstreuen. ● • Kartoffeln schälen und würfeln, im Dampf weich kochen, noch heiß durch Passevite / Flotte Lotte drehen. ● Eier trennen. ● • Eiweiß steif schlagen. ● Eigelb • Knoblauch, Muskatnuss, Pfeffer und • Salz unter das Püree rühren. • Sauerrahm unterrühren. Basilikum von den Stielen zupfen, in feine Streifen schneiden, unter das Kartoffelpüree rühren. • Paprika und • Käse (2 EL aufbewahren) unterrühren. Eischnee unterziehen. Kartoffelmasse in die Form füllen. Restlichen Käse darüberstreuen. ● Kartoffelsoufflé im vorgeheizten Ofen bei 180 °C etwa 50 Minuten backen.

Tipp Mit einem bunten Salat servieren.

STEIRISCHES KÜRBISGEMÜSE

für 2 Portionen; Beilage
Zubereitung 30 Minuten

- E 1 EL Öl
- M E 1 kleine Zwiebel, fein gewürfelt
- E 300–400 g Kürbisfleisch, grob gerieben
- M 1 Knoblauchzehe, fein gewürfelt
- M 1 TL Kümmelsamen, von Hand verrieben
- W 1½ dl / 150 ml Gemüsebrühe
- H 2 EL Crème fraîche / Sauerrahm
- F 1 EL Tomatenmark
- F 1 TL Paprikapulver
- E 1 Prise Zucker
- M frisch gemahlener Pfeffer
- W Salz

• Öl in einem Topf erhitzen, Zwiebeln zugeben und andünsten, Kürbis mitdünsten, • Knoblauch mitdünsten, • Kümmel unterrühren, kurz weiterdünsten, • Gemüsebrühe zugeben, bei schwacher Hitze kurz köcheln lassen. • Crème fraîche unterrühren, • Tomatenmark und Paprika unterrühren, • Zucker unterrühren, mit • Pfeffer und • Salz abschmecken.

Tipp Das Kürbisgemüse passt wunderbar zu Fleisch- und Getreideburgern, zu Siedfleisch, Bratkartoffeln, Kartoffelstrudel und als Füllung für eine Gemüselasagne.

Zum Rezept Das Gericht wird traditionell aus dem Fruchtfleisch des Ölkürbisses zubereitet, aus dessen Samen das Kürbiskernöl («grünes Gold der Steiermark») gewonnen wird.

DINKELBURGER

für 4 Portionen
Zubereitung 1 Stunde

- H E 50 g Dinkelkörner
- H E 150 g grober Dinkelschrot, am besten frisch gemahlen
- W 3 dl / 300 ml Wasser

- E 1 EL Olivenöl oder Bratbutter / Butterschmalz
- E 2 kleine Zwiebeln oder Schalotten, fein gewürfelt
- E 2 Karotten, grob gerieben
- M 1 Knoblauchzehe, fein gewürfelt
- W 1 Prise Salz
- M 2 EL getrockneter Majoran
- F 1 EL getrockneter Thymian
- E 1 Scheibe zerkleinertes, altbackenes Brot, in W Wasser eingeweicht
- E 1 Ei
- E Mehl und / oder geriebene Haselnüsse
- M 2 EL Senf
- M frisch gemahlener Pfeffer
- W Salz

- E Öl, zum Braten

• • Dinkelkörner mit • Wasser aufkochen, 20 Minuten köcheln, Dinkelschrot unterrühren, weitere 5 Minuten köcheln. Auf der ausgeschalteten Wärmequelle zugedeckt ausquellen lassen. Die Masse sollte trocken sein. ● • Öl in einer Pfanne erhitzen, Zwiebeln andünsten, Karotten mitdünsten, • Knoblauch ebenfalls mitdünsten, • Salz unterrühren. ● Gemüse und Getreidemasse in einer Schüssel mischen, • Majoran und • Thymian unterrühren, • eingeweichtes Brot und Ei unterrühren. So viel Mehl/Haselnüsse zugeben, dass die Masse formbar wird. • Senf und Pfeffer unterrühren, • mit Salz abrunden. Getreidemasse etwa 30 Minuten ruhen lassen. ● Aus der Getreidemasse kleine Burger formen, im • Öl langsam braten.

Tipp Die Burger schmecken warm und kalt. Mit einer pikanten Sauce und Salat servieren.

Variante Karotten durch Kürbis oder Zucchini ersetzen.

KARTOFFELSTRUDEL MIT SCHNITTLAUCHSAUCE

für 4 Portionen
Zubereitung 45 Minuten

E 1 Strudelteig
E flüssige Butter

Füllung
E 1 EL Öl
E 50 g Speckwürfelchen
E 1 mittelgroße Zwiebel, fein gewürfelt
M 1 mittelgroßer Lauch, in Scheiben
M frisch gemahlener Pfeffer
W Salz
H 3 EL Crème fraîche/Sauerrahm
F 1 Prise Paprikapulver
E 300 g mehligkochende Kartoffeln
M Muskatnuss

Schnittlauchsauce
E 40 g Butter
E 40 g Weißmehl
M 2 Bund Schnittlauch, fein geschnitten
W 3 dl/300 ml Wasser oder Gemüsebrühe
M frisch gemahlener Pfeffer
W Salz
H wenig Zitronensaft
F 1 Prise Paprikapulver
E 1 Eigelb

Kartoffeln in der Schale weich garen, noch heiß schälen und auf einer groben Reibe reiben oder in Scheiben oder in Würfelchen schneiden. ● • Öl erhitzen, Speck anbraten, Zwiebeln und • Lauch zugeben und andünsten, Pfeffer und • Salz unterrühren. Auskühlen lassen. • Sauerrahm unterrühren, • Paprika und • Kartoffeln untermischen, • Muskatnuss dazureiben und unterrühren. ● • Strudelteig auf dem Backpapier auf die Arbeitsfläche legen, auf zwei Drittel des Teigs die Füllung verteilen, Ränder frei lassen. Ränder und freien Teig mit Butter bepinseln, Strudel von der belegten Seite her mit Hilfe des Backpapiers vorsichtig aufrollen, die Schmalseiten nach unten einschlagen, auf dem Papier auf das Blech schieben. Strudel mit flüssiger Butter bepinseln. Im vorgeheizten Ofen bei 180 °C 25 bis 30 Minuten backen. ● Die Hälfte • Schnittlauch mit dem • Wasser erhitzen, 10 Minuten zugedeckt ziehen lassen. • Butter in einem Pfännchen zerlassen, Mehl zugeben, unter Rühren andünsten, Schnittlauchwasser mit Schneebesen nach und nach unterrühren, Sauce köcheln lassen, bis sie die richtige Konsistenz hat, mit • Pfeffer und • Salz würzen, mit • Zitronensaft und mit • Paprika abrunden, • Eigelb unterrühren, Sauce nicht mehr kochen. Restlichen • Schnittlauch unterrühren. Sauce separat servieren.

Variante Strudel mit anderem Gemüse (Kürbis, Weißkabis/-kohl, Mischgemüse), Hackfleisch oder gedünsteten Pilzen füllen.

FEURIGE RINDFLEISCHPFANNE

für 2 Portionen
Zubereitung 40 bis 50 Minuten

E 200 g Rindfleischstreifen, zum Schnellbraten
E 2 EL Mehl
W 4 EL Sojasauce
E 2 EL Öl

E 2 EL Öl
M E 1 mittelgroße rote Zwiebel
E 200 g Zucchini
E 200 g gelber Peperoni / Gemüsepaprika
E 1 Handvoll ungesalzene Erdnüsse
M 2 Knoblauchzehen, in Scheiben
M 1 rote Chilischote
W wenig Wasser
H 1 Schuss Essig
F 1 Prise Paprikapulver
E 1 Prise Zucker
M frisch gemahlener Pfeffer
M Basilikum oder andere frische Kräuter

Zucchini beidseitig kappen, in zündholzlange Stücke teilen und diese in Stäbchen schneiden. Peperoni halbieren, Stielansatz, Kerne und weiße Rippen entfernen, Fruchthälften halbieren und diese quer in Streifen schneiden. Zwiebeln in feine Scheiben / Ringe schneiden. Chilischote aufschneiden und zur «Entschärfung» entkernen (Vorsicht! Hände danach gut waschen!), Hälften in Streifchen schneiden. ● • Rindfleischstreifen im Mehl wenden und mit • Sojasauce beträufeln, etwa 30 Minuten marinieren, Fleisch trocken tupfen. • Öl in Bratpfanne erhitzen, Fleischstreifen kräftig anbraten, herausnehmen, warm stellen. ● • Öl in der Fleischpfanne erhitzen, • Zwiebeln andünsten, • Zucchini und Peperoni mitdünsten, Nüsse zugeben, • Knoblauch und Chili zugeben und andünsten, mit wenig • Wasser ablöschen, • Essig zugeben, • Paprika unterrühren, • Zucker zugeben, • mit Pfeffer abrunden, Gemüse unter Rühren knackig dünsten. Fleisch unterrühren. Mit Kräutern garnieren.

Tipp Dazu passt Reis, Getreide, Pasta oder Polenta.

PASTA MIT WÜRZIGEN KRAUTFLECKERL

Abbildung

für 4 Portionen
Zubereitung 40 Minuten

- E 2 EL Öl
- E 1 mittelgroße Zwiebel, fein gewürfelt
- E 1 EL Rohrohrzucker
- E 500 g Weißkabis/-kohl
- M 2 TL Kümmelsamen, von Hand verrieben
- M 1 Prise frisch gemahlener Pfeffer
- W ½ TL Salz
- W Wasser
- H 1 Schuss Essig oder Weißwein
- F 2 TL Paprikapulver
- E 350 g kurze Teigwaren, z. B. Farfalle, Krawättli, Fleckerl
- W 2 TL Salz

• Kabis halbieren, Strunk keilförmig herausschneiden, in 2 cm breite Streifen und diese in daumennagelgroße Quadrate schneiden. • Kümmel untermischen, zuerst mit Pfeffer, dann mit • Salz würzen, von Hand gut kneten, 10 Minuten ziehen lassen. ● In einem großen Topf • Öl erhitzen, Zwiebeln andünsten, mit Zucker bestreuen und diesen karamellisieren, Kabis ausdrücken und zugeben, weiterdünsten, • Pfeffer unterrühren, • wenig Wasser zugeben, • Essig zugeben, Kraut etwa 20 Minuten knackig dünsten, • Paprika unterrühren. ● • Teigwaren in reichlich • Salzwasser al dente kochen, abgießen, unter den Kabis mischen. Kurz ziehen lassen.

Zum Rezept Wer es üppig liebt, kann zusätzlich gebratene W Schinken-/Speckwürfelchen oder E gebratenes gehacktes Rindfleisch unterrühren.

PASTA «CINQUE P»

Fünf Hauptzutaten geben dieser schnell zubereiteten Pasta den Namen: Prosciutto oder Pancetta (Schinken oder Speck), Pomodori (Tomaten), Panna (Rahm/Sahne), Pepe (Pfeffer) und Parmigiano (Parmesankäse)

für 2 Portionen
Zubereitung 10 Minuten

- E 200 g Penne

- E 1 EL Olivenöl
- E 1 mittelgroße rote Zwiebel, fein gewürfelt
- M 1 Knoblauchzehe, fein gewürfelt
- W 50 g durchwachsener Speck oder Schinken, klein gewürfelt
- H 160 g Tomaten, geschält (Seite 134) und gewürfelt oder 1 kleine Dose Pelati, gewürfelt
- F Paprikapulver
- F ½ TL getrockneter Thymian
- E 1 dl/100 ml Rahm/Sahne
- E 60–80 g frisch geriebener Parmesan
- M frisch gemahlener Pfeffer
- W Salz

• Penne in viel Salzwasser al dente kochen, abgießen. ● • Öl erhitzen, Zwiebeln andünsten, • Knoblauch mitdünsten, • Speck knusprig braten, • Tomaten zugeben, mit • Paprika und Thymian würzen, Sauce einköcheln lassen, • Rahm zugeben und nochmals köcheln lassen, Penne zugeben, erhitzen, die Hälfte Käse unterrühren, damit die Sauce schön bindet, mit • Pfeffer und • Salz abschmecken. Restlichen • Käse separat servieren.

SCHNELLE KARTOFFEL-PFANNE MIT BERGKÄSE

Abbildung

für 2 Portionen

Zubereitung 30 Minuten

- E Öl oder Bratbutter / Butterschmalz
- E 2 mittelgroße festkochende Kartoffeln, geschält, klein gewürfelt
- E 1 kleiner Apfel
- E 1 Handvoll Baum- / Walnüsse
- E 100 g Bergkäse, gewürfelt
- M frisch gemahlener Pfeffer
- W 1 Prise Salz

• Öl in einer Bratpfanne heiß werden lassen, Kartoffelwürfelchen zugeben und unter zeitweiligem Rühren langsam braten, bis sie knusprig sind. Kurz vor Ende der Garzeit Apfel vierteln und entkernen, Viertel in kleine Würfel schneiden und mit den Kartoffeln kurz mitbraten, Nüsse unterrühren, Käse darauf verteilen, zugedeckt schmelzen lassen, • Pfeffer darüberstreuen, mit • Salz abrunden. Sofort servieren.

PIKANTER NUSSREIS

für 2 Portionen

Zubereitung 30 Minuten

- E 1 EL Butter
- E je 1 EL Pinienkerne, Pistazien und Haselnüsse
- F 1 TL Kurkuma
- E 1 Zwiebel, fein gewürfelt
- E 1 TL Kreuzkümmelpulver
- E 1 TL Zimtpulver
- M 1 Knoblauchzehe, fein gewürfelt
- M 125 g (1 Tassse) Basmatireis
- W 1 Tasse Wasser
- W 1 Prise Salz
- H 1 EL Zitronensaft
- H fein gehackte Kräuter, z. B. Petersilie, Koriander

• Butter erwärmen, die Nüsse zugeben und Farbe annehmen lassen, • Kurkuma darüberstreuen, • Zwiebeln unterrühren und glasig werden lassen, Kreuzkümmel und Zimt unterrühren, • Knoblauch unterrühren, das Ganze weiterdünsten, Reis unterrühren, mit • Wasser ablöschen, aufkochen, Reis bei schwacher Hitze etwa 10 Minuten garen, mit Prise Salz würzen, mit • Zitronensaft abrunden, Kräuter unterrühren.

Tipp Der Reis passt zu Fleisch und Geflügel, aber auch zu gedämpftem / gedünstetem Fisch.

LINSENCURRY

für 2 Portionen
Zubereitung 45 Minuten

- E 1 EL Öl
- E 1 große Karotte, klein gewürfelt
- E 2 EL Rosinen
- E 1 kleine Zwiebel, fein gewürfelt
- M 1 Knoblauchzehe, gewürfelt
- M je 1 TL milder und scharfer Curry
- M 2–3 ausgelöste Kardamomsamen, zerstoßen
- W 50 g Speckwürfelchen
- W 120 g braune Linsen, über Nacht eingeweicht
- W 4–5 dl / 400–500 ml Wasser
- H glattblättrige Petersilie, abgezupft und fein gehackt
- F 1 Prise Paprikapulver
- E 1 kleine mehligkochende Kartoffel
- E wenig Rahm / Sahne
- M frisch gemahlener Pfeffer
- W Salz

• Öl in einer Pfanne erhitzen, Karotten, Rosinen und Zwiebeln andünsten, • Knoblauch, Curry und Kardamom mitdünsten, • Speck anbraten, abgetropfte Linsen zugeben, Wasser zugeben, aufkochen, braune Linsen etwa 30 Minuten köcheln lassen, bis sie weich sind. • Petersilie und • Paprika unterrühren. • Kartoffel schälen und auf einer feinen Reibe dazureiben, köcheln lassen. Die Linsen sollen ein wenig zerfallen, damit das Gericht eine breiige Konsistenz bekommt. Mit Rahm verfeinern. Abschmecken mit • Pfeffer und • Salz.

Tipp Mit Reis oder Kartoffeln servieren.

MAJORANKARTOFFELN

für 2 Portionen
Zubereitung 30 Minuten

- E 1 TL ÖL und ½ EL Butter
- E 1 mittelgroße rote Zwiebel, fein gewürfelt
- E 600 g mehligkochende Kartoffeln, geschält, in dicken Scheiben
- M 1–2 EL getrockneter Majoran oder 1 Sträußchen frischer Majoran
- M 1 Lorbeerblatt
- W 0,4 dl / 40 ml Wasser
- W Brühwurst, nach Belieben
- H 2–3 Essiggurken, klein gewürfelt
- F wenig getrockneter Oregano
- E wenig Mehl, zum Binden der Sauce
- M frisch gemahlener Pfeffer
- W Salz
- H 1–2 EL Essig (von den Gurken) oder Apfelessig, nach Belieben

• Öl und Butter erhitzen, Zwiebeln andünsten, Kartoffeln zugeben, • Majoran und Lorbeerblatt zugeben, so viel • Wasser zugeben, dass die Kartoffeln knapp mit Wasser bedeckt sind. Nach Belieben Brühwurst/-würtschen mitkochen. Aufkochen, bei schwacher Hitze kochen, bis die Kartoffeln weich sind. • Essiggurken und • Oregano unterrühren. Die Flüssigkeit mit wenig angerührtem • Mehl binden. Mit • Pfeffer und • Salz würzen, mit • Essig abschmecken.

• **Wirkung** Ist besonders im Winter ein wärmendes Essen. Aufgewärmt sind die Kartoffeln am nächsten Tag noch besser (wie viele Kartoffelgerichte).

DINKELSPÄTZLE

für 2 Portionen
Zubereitung 45 Minuten

- H 250 g Dinkelweißmehl
- F 1 Prise Paprikapulver
- E 2 große Eier, verquirlt
- M 1 Prise Muskatnuss
- W 1 TL Salz
- W ca. 2 dl / 200 ml Wasser
- H 1 Msp Hefeflocken

- E Butter

• Mehl und • Paprikapulver in einer Teigschüssel mischen, • Eier unterrühren, mit • Muskatnuss und • Salz würzen. So viel Wasser zugeben, dass ein dickflüssiger Teig entsteht. Teig rühren, bis er Blasen wirft. • Hefeflocken unterrühren. 30 Minuten ruhen lassen. ● Schüssel mit Deckel im Ofen warm stellen. ● Reichlich Salzwasser erhitzen. Teig portionsweise auf ein mit kaltem Wasser abgespültes Holzbrett geben, Spätzle mit einem Messer in das leicht kochende Wasser schaben. Spätzle an die Oberfläche steigen lassen, mit einem Schaumlöffel herausnehmen. In die vorgewärmte Schüssel geben, mit Butter mischen (verhindert das Zusammenkleben), zudecken. Nach Belieben vor dem Servieren in einer Bratpfanne kurz braten.

Tipp Zu den Spätzle passen gedünstetes Gemüse, Fleisch mit Sauce, Tofu-Stroganoff (Seite 126). Spätzle mit gebratenen / gerösteten Zwiebelringen und geriebenem Käse bestreuen.

SAUERKRAUTAUFLAUF

für 4 Portionen
Zubereitung 1½ Stunden

- E 1 EL Butter
- E 1 kleine Zwiebel, fein gewürfelt
- E 1 süßer Apfel, geschält, geviertelt, entkernt, gewürfelt
- E wenig Mehl
- M frisch gemahlener Pfeffer
- W Salz
- H 500 g gekochtes mildes Sauerkraut
- E 500 g mehligkochende Kartoffeln, geschält, in feinen Scheiben

Guss

- E 2 Eier
- M frisch gemahlener Pfeffer
- W 1 dl / 100 ml Gemüsebrühe
- W Salz
- H 1 Becher Sauerrahm / saure Sahne
- F Paprikapulver

- E Butter, für die Form

• Butter erhitzen, Zwiebeln andünsten, Äpfel mitdünsten, wenig Mehl darüberstreuen, weiterdünsten, mit • Pfeffer und • Salz würzen, • Sauerkraut untermischen, kurz weiterdünsten. ● Schmortopf einfetten. Die Hälfte • der Kartoffeln auf den Boden verteilen, mit dem • Sauerkraut bedecken, • restliche Kartoffeln fächerartig darauflegen, Guss darübergießen. ● Sauerkrautauflauf im vorgeheizten Ofen bei 200 °C zugedeckt 5 Minuten backen, noch 15 Minuten ohne Deckel backen.

Tipp Wer keinen Schmortopf hat, kann eine Gratinform nehmen und die Form mit Alufolie verschließen.

LACHS-SPINAT-LASAGNE

für 4 Portionen
Zubereitung 1½ Stunden

E 9–12 Lasagneblätter (für 4 Lagen), gemäß Packungsbeschrieb zu verwenden

E 2 EL Bratbutter / Butterschmalz
M wenig Knoblauch, klein gewürfelt
W 400 g frisches Lachsfilet, ohne Haut und Gräten, grob zerkleinert
H wenig Zitronensaft
F 1 Prise Paprikapulver
E ½ Gebinde (ca. 80 g) Rahm- / Sahnefrischkäse
M frisch gemahlener Pfeffer
M wenig frischer Dill, gehackt
W Salz

Spinat
E 1 EL Öl
E 1 kleine Zwiebel, fein gewürfelt
E 500 g erntefrischer Spinat, in Streifen
M 1 kleine Knoblauchzehe, fein gewürfelt
M Muskatnuss
M frisch gemahlener Pfeffer
W Salz
H einige Tropfen Zitronensaft
F abgeriebene Zitronenschale

Béchamelsauce
E 2 EL Butter
E 2 EL Mehl
E 1 dl / 100 ml Milch
M Muskatnuss
W ca. ¼ l Gemüsebrühe
H wenig Weißwein
F 1 Prise Paprikapulver
E ½ Gebinde (ca. 80 g) Rahm- / Sahnefrischkäse
M frisch gemahlener Pfeffer
W Salz

E Butter für die Form

Für die Béchamelsauce • Butter schmelzen, Mehl zugeben und andünsten, Milch nach und nach unter Rühren zugeben, • Muskatnuss zugeben, • Gemüsebrühe aufgießen, • Weißwein, • Paprika und • Frischkäse unterrühren, zu einer sämigen Sauce einköcheln lassen, mit • Pfeffer und • Salz abschmecken. ● Für den Spinat • Zwiebeln im Öl andünsten, Spinat zugeben und unter Rühren zusammenfallen lassen, mit • Knoblauch, Muskatnuss, Pfeffer und • Salz würzen, mit • Zitronensaft und • Zitronenschale abschmecken. In einer Schüssel erkalten lassen. Flüssigkeit abgießen. ● Für den Lachs • Bratbutter in einer Bratpfanne erhitzen, • Knoblauch andünsten, • den Lachs kurz scharf anbraten, mit • Zitronensaft beträufeln, • mit Paprika bestäuben. • Frischrahmkäse unterrühren, mit • Pfeffer, Dill und • Salz abschmecken. ● Die Gratinform einfetten. Boden mit wenig Béchamelsauce bedecken, fortfahren mit Lasagneblättern, Spinat, Lasagneblättern, Lachs-Frischkäse-Mischung, Lasagneblättern, Spinat, Lasagneblättern, abschließen mit Béchamelsauce. ● Lasagne im vorgeheizten Ofen bei 180 °C rund 45 Minuten backen.

• **Wirkung** leicht erwärmend – tonisiert Nieren-Yang – tonisiert Milz und Qi

TOFU-STROGANOFF

für 2 Portionen
Zubereitung 45 Minuten

- E 1 EL Bratbutter / Butterschmalz / Ghee
- E 1 kleine Zwiebel, fein gewürfelt
- E 80–100 g Champignons, in feinen Scheiben
- E 150 g fester Tofu, gewürfelt
- M frisch gemahlener Pfeffer
- W 2 EL Sojasauce
- H 1 Bund glattblättrige Petersilie, Blättchen von den Stielen gezupft und fein gehackt
- F ½ TL Paprikapulver
- E 1 kleiner roter Peperoni / Gemüsepaprika, in feinen Streifen
- M 1 Knoblauchzehe, fein gewürfelt
- M Cayennepfeffer oder Tabascosauce
- W 1½–2 dl / 150–200 ml Wasser
- H 1 Essiggurke oder 2 Cornichons, in feinen Streifen
- H 1 Schuss Weißwein
- F 1 EL Tomatenmark
- E 1 TL Pfeilwurzelmehl (Kuzu), zum Binden der Sauce
- E 100 g Crème fraîche / Sauerrahm
- M frisch gemahlener Pfeffer
- M 1 EL Cognac
- W Salz

• Tofu mit • Pfeffer, • Sojasauce, • der Hälfte der Petersilie und • Paprika marinieren. Rund 30 Minuten stehen lassen. ● • Bratbutter in einer Bratpfanne erhitzen, Zwiebeln andünsten, Pilze mitdünsten, Tofu zugeben und Farbe annehmen lassen, Peperoni mitdünsten, • Knoblauch unterrühren, mit Cayennepfeffer würzen, • Wasser aufgießen, 10 Minuten köcheln lassen, • Essiggurken und restliche Petersilie zugeben, Weißwein zugeben, • Tomatenmark unterrühren, • Pfeilwurzelmehl unterrühren und Sauce binden, Crème fraîche unterrühren, mit • Pfeffer, Cognac und • Salz abrunden.

Tipp Mit Reis oder Dinkelspätzle (Seite 123) servieren.

OFENGEMÜSE

Zubereitung 1 Stunde

Ofenkartoffeln

- F frische Kräuter: Rosmarin, Thymian, Oregano
- E Kartoffeln
- E Gewürze: Kümmel, Kreuzkümmel, Koriandersamen
- E Olivenöl
- M frisch gemahlener Pfeffer
- W Meersalz oder Salzflakes

• Kartoffeln mit oder ohne Schale verwenden. In Spalten oder Scheiben schneiden, auf ein mit Backpapier belegtes Backblech legen. Mit • Kräutern oder • Gewürzen bestreuen. Olivenöl darüberträufeln. Im vorgeheizten Ofen bei 180 °C bis 200 °C 30 bis 40 Minuten backen. Vor dem Servieren mit • Pfeffer und etwas • grobem Meersalz oder Salzflakes (z.B. Maldon Salt) bestreuen.

Tipp Frische Kräuter und Gewürze durch Gewürzmischungen wie Dukkah oder Ras al Hanout ersetzen.

Ofengemüse

- E Karotten
- E Auberginen
- E Zucchini
- E Fenchel
- E Süßkartoffeln
- H Tomate
- F Randen/Rote Beten
- F Pastinaken
- M Zwiebeln

Nach dem gleichen Rezept können alle gelisteten Gemüse im Ofen gebacken werden ... einfach ausprobieren!

Tipp Vor dem Servieren noch etwas Schafskäse über das Gemüse bröckeln. Mit einem Stück Brot und einem grünen Salat ein wunderbares Sommeressen!

Ofenkürbis

- E Kürbis
- E Olivenöl
- E Kreuzkümmel
- E Koriander, gemahlen
- M frisch gemahlener Pfeffer
- H Zitronensaft
- W Salz
- F Paprikapulver

Es kann jede Kürbissorte verwendet werden. Je nach Wuchs (Falten) ist es einfacher, den ganzen Kürbis zu schälen und dann zu teilen und zu entkernen oder erst Spalten zu schneiden und diese dann zu schälen. Man kann ihn ungeschält oder geschält backen. Butternutkürbisse müssen nicht geschält werden. Ihre Schale ist so dünn, dass sie nach dem Backen mitgegessen werden kann. ● • Olivenöl mit Kreuzkümmel, Koriander, • Pfeffer und • Zitronensaft • Salz und • Paprika würzen, • Kürbis damit einpinseln. Auf ein mit Backpapier belegtes Blech legen und im vorgeheizten Ofen bei 180 °C etwa 45 Minuten backen.

ZITRONENPOULET MIT KARTOFFELN

für 4 Portionen
Zubereitung 2 Stunden

- H 1 großes Poulet
- M frisch gemahlener Pfeffer
- W Salz
- E 20 g weiche Butter
- F Paprikapulver
- F wenig heißes Wasser
- E wenig Honig

- E 800 g kleine festkochende Kartoffeln
- E Olivenöl

Marinade

- H 2 Zitronen, Saft
- F 1 Prise Paprikapulver
- F evtl. 1 TL gehackte Rosmarinnadeln

Für die Marinade • Zitronensaft und • Paprikapulver in einem Schüsselchen verrühren. ● Kartoffeln schälen und längs vierteln. Poulet aufschneiden und aufklappen. Innenseite mit einer Gabel einige Male einstechen. • Poulet und • Kartoffeln in eine Schüssel legen. Mit der Marinade übergießen. Schüssel mit einer Klarsichtfolie verschließen. Eine Stunde marinieren. ● • Kartoffeln in den Bräter verteilen, das Olivenöl darüberträufeln. • Poulet mit • Pfeffer und • Salz kräftig würzen, mit der Hautseite nach oben auf die Kartoffeln legen. • Butter mit • Paprika mischen, auf das Poulet verteilen. Den Bräter in den auf 200 °C vorgeheizten Ofen schieben, Poulet je nach Größe 1 bis 1½ Stunden braten. 15 Minuten vor Ende der Bratzeit Poulet mit einer Mischung aus • heißem Wasser und • Honig übergießen. Im ausgeschalteten Ofen 10 Minuten ruhen lassen.

Zum Rezept Während dem Braten verliert das Poulet einen Teil des Fetts unter der Haut. Es gibt den Kartoffeln ein wunderbares Aroma. Hühnerfett stärkt, Zitronensaft macht das Gericht aber leicht verdaulich und gibt ihm Frische.

• **Wirkung** bewegt das Qi – nährt das Yin – baut Qi und Säfte auf – stärkt die Mitte

GESCHMORTER FENCHEL MIT BASMATIREIS UND PILZSAUCE

für 2 Portionen

Zubereitung 30 Minuten

M 200 g Basmatireis
W 2 dl / 200 ml Wasser

E 1 EL Olivenöl
E 1–2 mittelgroße Fenchel, längs halbiert

E 1 EL Olivenöl
E 100 g Champignons, in Scheiben
E 100 g Austernpilze, in Streifen
E 1 kleine Zwiebel, fein gewürfelt
M 1 Knoblauchzehe, fein gewürfelt
M frisch gemahlener Pfeffer
W Salz
H Zitronensaft oder Weißwein
F 1 Prise Paprikapulver
E 1 dl / 100 ml Rahm / Sahne

E frisch geriebener Sbrinz oder Parmesan oder Gouda

• Reis und • Wasser aufkochen, kurz sprudelnd kochen, auf der ausgeschalteten Wärmequelle ausquellen lassen. ● • Olivenöl erhitzen, Fenchelhälften zuerst mit Außen-, dann mit Innenseite auf den Pfannenboden legen, 10 Minuten dünsten. ● • Pilze im Olivenöl anbraten, Zwiebeln und • Knoblauch mitdünsten, mit Pfeffer und • Salz würzen, mit wenig • Zitronensaft und Prise • Paprika abrunden, • Rahm unterrühren, kurz köcheln lassen. ● Reis in eine eingefettete Gratinform verteilen, Fenchelhälften in den Reis drücken, Pilzsauce darüber verteilen, mit • Käse bestreuen. Auf Grillstufe kurz überbacken.

PANIERTES GEMÜSE

für 2 Portionen

Zubereitung 30 bis 40 Minuten

E 2 Kohlrabi oder
1 Knollensellerie
E Mehl
E 1–2 Eier
E wenig Rahm / Sahne
E Paniermehl
M frisch gemahlener Pfeffer
W Salz

E Bratbutter / Butterschmalz
E Olivenöl

• Eier mit wenig Rahm verquirlen. Paniermehl mit • Pfeffer und • Salz würzen. ● • Kohlrabi schälen, in nicht zu dünne Scheiben schneiden und im Dampf bissfest garen, ein wenig abkühlen lassen, im Mehl, im Ei und zuletzt im Paniermehl wenden, in Mischung aus Bratbutter und Olivenöl beidseitig goldgelb braten.

Serviervorschlag Mit Zitronenschnitzen und einem Schnittlauch-Quark-Dip sowie einem bunten Salat servieren.

Varianten Paniermehl mit geriebenen Haselnüssen, fein gehackten Kürbiskernen, zerdrückten, ungezuckerten Cornflakes, Sesamsamen, Kokosnussraspel oder geriebenem Sbrinz mischen.

SALTIMBOCCA MIT POLENTA

für 2 Portionen
Zubereitung 45 Minuten

- E 1 TL Olivenöl
- E 2 Kalbsschnitzel
- M frisch gemahlener Pfeffer
- W Salz
- W 2 Rohschinkenscheiben, halbiert
- H F Salbeiblättchen
- E 1 kleine Zwiebel, fein gewürfelt
- M 1 kleine Knoblauchzehe, fein gewürfelt
- W 1 dl / 100 ml Gemüsebrühe
- H 5 EL Balsamico
- F 1 Prise Paprikapulver
- E 1 TL Honig
- E 20 g kalte Butterstückchen
- M frisch gemahlener Pfeffer
- W Salz

Polenta

- F 2 dl / 200 ml heiße Gemüsebrühe oder Wasser
- E 1 TL Butter
- E 4 EL Maisgrieß
- E ½ dl / 50 ml Rahm / Sahne
- E 30 g geriebener Sbrinz

Für die Polenta der kochenden • Gemüsebrühe • Butter zugeben, Maisgrieß einrieseln lassen, aufkochen, Mais auf der ausgeschalteten Wärmequelle zugedeckt ausquellen lassen. Vor dem Servieren erhitzen, Rahm und Käse unterrühren. ● Backofen auf 80 °C vorheizen. Platte warm stellen. ● Für die Saltimbocca • Kalbsschnitzel mit • Pfeffer und • Salz würzen, mit Rohschinken und • • Salbeiblättchen belegen, mit Zahnstochern fixieren. In der Bratpfanne • Olivenöl erhitzen, Schnitzel auf Schinkenseite 30 Sekunden kräftig anbraten, wenden und in 60 Sekunden fertig braten. Auf die vorgewärmte Platte legen, mit Alufolie zudecken und warm stellen. ● Im Bratsatz • Zwiebeln und • Knoblauch andünsten, mit wenig • Gemüsebrühe ablöschen und Bratsatz auflösen. Die Hälfte • Balsamico zugeben und einkochen lassen. Restliche • Gemüsebrühe und • Balsamico zugeben, • Paprika und • Honig zugeben, bei starker Hitze auf 50 ml einkochen lassen. Mit kalten • Butterstückchen binden, abrunden mit • Pfeffer und • Salz. ● Saltimbocca auf vorgewärmten Tellern anrichten, mit Sauce beträufeln. Polenta mit Esslöffel portionieren und anrichten.

• **Wirkung** harmonisiert – thermisch leicht erwärmend – tonisiert das Yang und das Qi – stärkt die Mitte

AUBERGINEN ALLA PARMIGIANA

für 2 Portionen
Zubereitung 1 Stunde

- E 2 mittelgroße Auberginen
- M frisch gemahlener Pfeffer
- W Salz
- E wenig Mehl
- E Öl, zum Ausbacken oder Bestreichen

- M 1 Knoblauchzehe, in feinen Scheiben
- M ½ Bund Basilikum, Blättchen abgezupft und in Streifchen geschnitten
- E 80 g frisch geriebener Parmesan
- E 150 g Büffelmozzarella, klein gewürfelt
- M ½ Bund Basilikum, Blättchen abgezupft und in Streifchen geschnitten
- E 50 g frisch geriebener Pecorino, für die oberste Schicht
- E 1 Handvoll gerösteter Pinienkerne
- E 3 EL Paniermehl

Tomatensauce

- E 1 EL Olivenöl
- M 1 kleine Zwiebel, fein gewürfelt
- M 1 Knoblauchzehe, fein gewürfelt
- W wenig Wasser
- H 250 g sonnengereifte Fleischtomaten oder 1 Dose Pelati
- F 1 Schuss Rotwein und/oder etwas Paprikapulver
- M ½ Bund Basilikum, Blättchen in Streifchen
- E 1 Prise Zucker
- M frisch gemahlener Pfeffer
- W Salz

Tomaten schälen und vorbereiten: Tomaten mit fester Haut mit Sparschäler schälen. Übrige Tomaten an Spitze kreuzweise einschneiden und im Schaumlöffel in kochendes Wasser tauchen, bis sich die Haut löst, kalt abschrecken, Für die Tomatensauce • Zwiebeln im Olivenöl andünsten, • Knoblauch mitdünsten, mit • Wasser ablöschen, • Tomaten zugeben und weiterdünsten, • Rotwein zugeben, Sauce köcheln, bis die Tomaten zerfallen sind. Mit • Zucker, • Pfeffer und • Salz abrunden. ● • Auberginen beidseitig kappen, längs in kleinfingerdicke Scheiben schneiden. Auf das in vielen Rezepten empfohlene Salzen kann verzichtet werden, weil die meisten neuen Züchtungen nur wenig Bitterstoffe enthalten. Auberginen können gegrillt oder gebraten werden. Zum Grillen Auberginen beidseitig mit Öl bepinseln und mit • Salz und • Pfeffer würzen, auf ein Backblech legen. Im vorgeheizten Ofen bei 220 °C etwa 15 Minuten grillen. Oder die Auberginen im Mehl wenden und in der Bratpfanne im Öl braten. Auf Küchenpapier gut abtropfen lassen. Die zweite Variante ist kalorienreicher, aber auch feiner. ● Gratinform mit Tomatensauce ausgießen, • Knoblauchscheiben darauf verteilen. • Auberginenscheiben einfüllen. Mit Tomatensauce bedecken. Basilikum darüberstreuen, • Parmesan und Mozzarella darüberstreuen, mit Auberginen, Tomatensauce und • Basilikum fortfahren, mit • Pecorino, Pinienkernen und Paniermehl abschließen. Gratin im vorgeheizten Ofen bei 180 °C 30 bis 40 Minuten backen.

Tipp Mit Brot oder Salat servieren und vom Süden träumen ...

PASTA MIT SOMMERLICHER GEMÜSESAUCE

für 2 Portionen

Zubereitung 30 Minuten

- F heißes Salzwasser
- E 200 g Pasta (Penne oder Spaghetti)

- E 1 EL Olivenöl
- M E 1 kleine rote Zwiebel, fein gewürfelt
- E 1 Karotte, geschält, klein gewürfelt oder in Stäbchen
- E 1 kleiner Zucchino, gewürfelt oder in Stäbchen
- E 1 Handvoll grüne Erbsen
- M wenig Lauch, in Streifchen
- M frisch gemahlener Pfeffer
- W Salz
- W wenig Gemüsebrühe
- H wenig Weißwein
- F wenig Safran
- E Rahm/Sahne
- E 1 Bund Basilikum
- M frisch gemahlener rosa Pfeffer

• Öl erhitzen, Zwiebeln andünsten, Karotten, Zucchini und grüne Erbsen mitdünsten, • Lauch mitdünsten, mit Pfeffer und • Salz würzen, wenig Gemüsebrühe und • Weißwein zugeben, Gemüse knackig dünsten, • Safran unterrühren, • Rahm zugeben und ein wenig einköcheln. Basilikum von den Stielen zupfen, in Streifchen schneiden, unter das Gemüse rühren. Mit • rosa Pfeffer abschmecken. ● Dem kochenden • Salzwasser • Pasta zufügen und al dente kochen, abgießen, mit der Sauce mischen, sofort servieren.

PASTA MIT BROKKOLI-HASELNUSS-PESTO

Abbildung

für 4 Portionen

Zubereitung 30 Minuten

- E 400 g Pasta (Spiralnudeln oder Penne)

- F heißes Salzwasser
- E 1 mittelgroßer Brokkoli
- E wenig Olivenöl
- M E wenig Zwiebel, fein gewürfelt
- M rote Chilischote, entkernt, in Streifen
- E Bergkäse, gehobelt, für die Garnitur

Pesto (4 Portionen)

- E 80 g Bergkäse, gerieben
- E 50 g Haselnüsse, gehackt
- E ½–1 dl/50 ml–100 ml Sonnenblumenöl
- E 2 EL Haselnussöl
- M frisch gemahlener Pfeffer
- W Salz

• Für den Pesto Käse, Haselnüsse und Öle verrühren, mit • Pfeffer und • Salz würzen. ● • Stiel des Brokkoli abschneiden und großzügig schälen, in Stäbchen schneiden. Brokkolirose in Röschen teilen. Stäbchen und Röschen in das kochende • Salzwasser geben, knackig garen. Mit Schaumlöffel herausnehmen. ● • Pasta im Brokkoliwasser (mit frischem Wasser auffüllen) al dente kochen, abgießen. ● • Olivenöl erhitzen, Zwiebeln andünsten, Brokkolistäbchen zugeben und braten, Brokkoliröschen und • Chili zugeben und kurz braten. Hitze reduzieren. • Pesto zugeben und erwärmen, Pasta unterrühren. In tiefen Tellern anrichten. Mit Bergkäse bestreuen.

SPAGHETTI TRICOLORE

für 4 Portionen
Zubereitung 45 Minuten

F heißes Salzwasser
E 400 g Spaghetti

E 2 gelbe Peperoni/Gemüsepaprika

H 12–16 Cherrytomaten
F Thymian und Rosmarin
E wenig Puderzucker, zum Konfieren der Tomaten
E Olivenöl
M frisch gemahlener Pfeffer
W Meersalz

E 2 EL Olivenöl
E 1 Handvoll Pinienkerne
M 1 kleine rote Zwiebel, fein gewürfelt
M 1–2 Knoblauchzehen, fein gewürfelt
M wenig roter Peperoncino/Pfefferschote, entkernt, in Streifchen, nach Belieben

E frisch gehobelter Sbrinz oder Parmesan
M 1 Bund Basilikum

Peperoni halbieren, Stielansatz, Kerne und weiße Rippen entfernen, auf ein Blech legen und im vorgeheizten Ofen bei 250 °C etwa 20 Minuten grillen, bis die Haut schwarz ist. Herausnehmen. Peperoni mit einem feuchten Tuch oder mit Alufolie zudecken, abkühlen lassen. Haut abziehen. Peperoni in Streifen schneiden. ● • Tomaten an der Spitze vorsichtig kreuzweise einschneiden, in kochendem Wasser blanchieren, bis sich die Haut löst, unter kaltem Wasser abschrecken. Haut vorsichtig nach hinten ziehen, nicht entfernen. Gratinform mit • Öl einfetten. Cherrytomaten in die Form setzen, • Thymian und Rosmarin dazwischenstreuen. Tomaten mit etwas • Puderzucker bestreuen, mit wenig Olivenöl beträufeln, mit • Pfeffer und • Meersalz würzen. Im leicht geöffneten Ofen (Kochlöffel einklemmen) bei 80 bis 120 °C 1 bis 3 Stunden konfieren, je länger, desto besser. ● • Olivenöl in einer Bratpfanne erhitzen, Pinienkerne bräunen, • Zwiebeln zugeben und andünsten, • Peperoni zugeben, • Knoblauch und Peperoncino zugeben, dünsten. Warm halten. ● Dem kochenden • Salzwasser • Pasta zugeben und al dente kochen, abgießen, mit den Peperoni mischen, anrichten, Tomaten darauf verteilen, mit • Sbrinz bestreuen, mit • Basilikum garnieren.

COQ AU VIN

für 4 Personen
Zubereitung 1½ Stunden

E 3 EL Bratbutter/Butterschmalz oder Olivenöl
E 4–5 kleine rote Zwiebeln, halbiert
M 3 Knoblauchzehen, halbiert
W 50 g geräucherter, gut durchwachsener Speck, gewürfelt
H 1 Poulet, ca. 1,2 kg, zerlegt
M frisch gemahlener Pfeffer
W Salz
F 1 Thymianzweiglein
F 1 Rosmarinzweiglein
F ½ l Rotwein
F 1 EL Tomatenmark
E 2 Karotten, geschält, zerkleinert
E ½ Knollensellerie, geschält, zerkleinert
E 1 Lorbeerblatt
M 1 kleiner Lauch, in Scheiben

E 2 EL Olivenöl
E 200 g Champignons
M frisch gemahlener Pfeffer
W Salz
H etwas Zitronensaft

H 3 EL Crème fraîche

• Bratbutter in einem Bräter erhitzen, Zwiebeln und • Knoblauch andünsten, • Speck zugeben und bei mäßiger Hitze anbraten, mit • Pfeffer und • Salz gewürzte • Pouletstücke rundum kräftig anbraten. • Thymian und Rosmarin zugeben, mit Rotwein ablöschen, aufkochen, Tomatenmark unterrühren, • Karotten, Sellerie und Lorbeerblatt zugeben, • Lauch zugeben. Bräter in den auf 180 °C vorgeheizten Ofen schieben, Coq au vin 50 Minuten schmoren. Fleisch, Zwiebeln, Kräuter und Lorbeerblatt entfernen. Sauce mit Gemüse durch ein Sieb streichen und in den Bräter zurückgeben, Zwiebeln wieder zugeben. • Pilze im Olivenöl braten, mit • Pfeffer, • Salz und • Zitronensaft würzen, unter die Sauce rühren, Crème fraîche ebenfalls unterrühren. Fleisch zugeben.

Tipp Wer die Haut des Poulets nicht mag, kann sie vor oder nach dem Schmoren entfernen.

• **Wirkung** tonisiert das Yang – tonisiert Qi, Blut und Säfte – stärkt die Mitte

FALAFEL – FRITTIERTE KICHERERBSENKUGELN

für 2 Portionen
Zubereitung 40 Minuten

- E 200 g Kichererbsen, über Nacht eingeweicht
- E 1 Prise Zimtpulver
- E 1 Scheibe trockenes Brot
- M 1 kleine Zwiebel, fein gewürfelt
- M 1 TL Kreuzkümmelsamen
- M 1 TL Korianderpulver
- M 1 Prise Muskatnuss
- M 1 Knoblauchzehe, durchgepresst
- M frisch gemahlener Pfeffer
- W Salz
- H 1 Bio-Zitrone, abgeriebene Schale und Saft
- H 1 Sträußchen glattblättrige Petersilie, Blättchen abgezupft und gehackt
- H ca. 5 EL Dinkelmehl
- F 1 TL Paprikapulver

- E Sonnenblumenöl, zum Frittieren

• Kichererbsen über Nacht in reichlich Wasser einweichen, Einweichwasser am nächsten Tag weggießen. Kichererbsen durch den Fleischwolf drehen oder in der Moulinette fein hacken. Zimt unterrühren. Brot fein reiben und unterrühren. • Zwiebeln und Gewürze bis und mit Pfeffer unterrühren, mit • Salz, • Zitronenschale und Zitronensaft abrunden. Petersilie unterrühren. So viel Dinkelmehl einkneten – und eventuell noch heißes Wasser –, dass eine formbare Masse entsteht, • Paprikapulver untermischen. • Aus der Kichererbsenmasse kleine Kugeln formen, im Öl frittieren. Oder die Kichererbsenkugeln auf ein mit Backpapier belegtes Blech legen, mit Öl bepinseln, im vorgeheizten Ofen bei 200 °C 15 bis 20 Minuten backen.

Tipp Mit der Tahin-Joghurt-Sauce, Seite 106, servieren. Auch gut dazu passt der Feta-Dip, Seite 107, eine Thunfischsauce und ein bunter Salat oder gedünstetes/geschmortes Gemüse, Ratatouille, Currygemüse.

RISOTTOVARIATIONEN

Risotto lieben alle, und er kann wunderbar variiert werden. Gäste kann man mit bunten Risottovariationen verwöhnen. Gut geeignet dazu sind die farbigen Risotti mit Randen, Spinat, Spargel ... Wichtig ist das liebevolle Rühren, damit der Risotto eine schöne cremige, relativ flüssige Konsistenz bekommt, aber noch bissfest ist.

Grundrezept

für 2 Portionen
Zubereitung 30 Minuten

- E 1 TL Butter
- M E 1 kleine Zwiebel, fein gewürfelt
- M 1 Knoblauchzehe, fein gewürfelt
- M 200 g Risottoreis, z. B. Carnaroli, Vialone
- W F 5–7 dl / 500–700 ml heiße Gemüse- oder Fleischbrühe
- H 1 dl / 100 ml Weißwein oder wenig Zitronensaft
- E wenig Butter
- E frisch geriebener Sbrinz oder Parmesan

• Butter erwärmen, • Zwiebeln und Knoblauch andünsten, Reis mitdünsten. Nun müssen wir ein wenig tricksen, weil hier im Originalrezept Weißwein zugefügt wird. Um unseren Elemente-Kreislauf nicht durcheinanderzubringen, zuerst ein wenig heiße Brühe • • und erst nachher den • Weißwein zugeben. Immer wieder wenig heiße Gemüsebrühe zugeben und warten, bis die Flüssigkeit eingekocht ist. Immer wieder rühren. Reis köcheln lassen, bis er al dente ist. • Butter und Käse unterrühren.

Gemüserisotto

Wenn der Reis mit Gemüse angereichert wird, kann die Reismenge pro Person um ein Drittel reduziert werden.

Pinkig: Randen-/Rote-Bete-Risotto

1 gekochte Rande / Rote Bete schälen und in kleine Würfel schneiden. Nach etwa ⅔ Kochzeit zum Reis geben. Käse durch frischen Dill, 1 Spritzer Wasser und 2 EL Crème fraîche ersetzen.

Erdig-süß: Petersilienwurzel

Geschälte, klein gewürfelte Petersilienwurzel mit Zwiebeln andünsten, Reis zugeben ... Mit Käse und fein gehackter Petersilie abrunden.

Grün-würzig: Spinat

Kleinblättrigen Spinat mit fein gewürfeltem Knoblauch separat andünsten, mit Muskatnuss und Pfeffer würzen. Spinat mit Ziegenfrischkäse unter den fertigen Risotto rühren und köcheln lassen, bis der Käse geschmolzen ist.

Mediterran: In Öl eingelegte Dörrtomaten und Basilikum

Abgetropfte Tomaten in Streifchen schneiden und bei halber Kochzeit unter den Risotto rühren. Abgezupfte, fein geschnittene Basilikumblättchen vor dem Servieren unterrühren.

Frühlingsgefühle: Spargel

Weißen Spargel schälen und die Schnittstelle frisch anschneiden, Stangen in 4 cm lange Stücke schneiden. ● Spargel und Spargelabfall in wenig Salzwasser unter Zugabe von ein paar Tropfen Zitronensaft, je 1 Prise Paprikapulver und Zucker knackig garen. Spargel herausfischen. →

Topfinhalt abseihen. Spargelwasser zum Risottokochen verwenden. Spargel unter den fertigen Risotto rühren.

Sommerlich: Zitronenrisotto

Vor dem Servieren 2 EL Mascarpone unter den Risotto rühren, mit Pfeffer und Salz, Saft einer Zitrone und abgeriebener Zitronenschale abschmecken. Wenig Ziegenfrischkäse unterrühren. Sbrinz / Parmesan separat servieren.

Cremig-würzig: Gorgonzola-Risotto

Gorgonzola oder anderen Blauschimmelkäse unter den fertigen Risotto rühren und schmelzen lassen.

Wunderbar fischig: Fisch-Risotto

In Streifen geschnittene geräucherte Forelle oder geräucherten Lachs unter den fertigen Risotto rühren, mit Crème fraîche und frischem Dill verfeinern.

Herbstlich: Pilz-Risotto

Ganze oder in Scheiben / Streifen geschnittene frische Pilze mit fein gewürfelten Zwiebeln und fein gewürfeltem Knoblauch in der Butter dünsten und 10 Minuten vor Kochende unter den Risotto rühren.

Bei Verwendung getrockneter Pilze Einweichwasser zum Kochen des Risottos verwenden.

KAROTTENFLAN

für 4 bis 6 ofenfeste Förmchen
Zubereitung 60 Minuten

- E 250 g Karotten
- E 2 Eier
- E 1 dl / 100 ml Rahm / Sahne
- M 1 Prise Korianderpulver
- M 1 Prise frisch geriebene Muskatnuss
- M frisch gemahlener Pfeffer
- W Salz
- H ½ TL Hefeflocken
- F Paprikapulver

- E Butter, für die Förmchen

Karotten schälen, in Scheiben schneiden, im Dampf weich garen, pürieren, auskühlen lassen. ● • Eier und Rahm verquirlen, Karottenpüree unterrühren, mit • Koriander, Muskatnuss, Pfeffer sowie • Salz würzen, • Hefeflocken unterrühren, abschmecken mit • Paprika. Karottenmasse in die eingefetteten Förmchen füllen. ● Förmchen in eine Form oder in ein hohes Blech stellen, bis auf zwei Drittel Höhe mit Wasser füllen. Flans in dem auf 180 °C vorgeheizten Ofen rund 40 Minuten pochieren.

Tipp Flans mit gekochtem Getreide als Mahlzeit oder mit einem bunten Blattsalat als Vorspeise servieren.

• **Wirkung** leicht erwärmend – harmonisiert das Qi – tonisiert die Mitte

FLAMMKUCHEN

Die Elsässer Antwort auf die Pizza! Es gibt unzählige Möglichkeiten. Klassisch salzig oder süß – beides ist köstlich.

für 1 großes, rechteckiges Blech
für 2 Portionen als Mahlzeit
Zubereitung 1 Stunde

Teig

- E 200 g Dinkelmehl
- E 3 EL Olivenöl oder Rapsöl
- M 1 Prise frisch gemahlener Pfeffer
- W wenig Salz
- W ca. 1¼ dl / 125 ml Wasser

Belag

- H E 200 g Crème fraîche / Sauerrahm
- M 200 g Zwiebeln, in feinen Ringen
- W 100 g Speckwürfelchen

Für den Teig • Mehl in eine Schüssel geben, Olivenöl, • Pfeffer und • Salz zugeben, verrühren, so viel • Wasser zugeben, dass ein weicher, elastischer Teig entsteht, zugedeckt 30 Minuten ruhen lassen. ● Teig zwischen Klarsichtfolien auf Blechgröße ausrollen, auf ein mit Backpapier belegtes Blech legen. ● • • Crème fraîche auf dem Teig verstreichen, mit • Zwiebelringen und • Speckwürfelchen bestreuen. Flammkuchen im vorgeheizten Ofen bei 250 °C etwa 20 Minuten backen.

Pikante Varianten Für den Flammkuchen eignen sich die gleichen Zutaten wie für eine Pizza: halbierte Cherrytomaten, Rucola, gedünsteter Brokkoli …

Süße Variante Crème fraîche / Sauerrahm mit gehobelten Äpfeln, Nüssen und Zimt mischen und auf dem Teig verstreichen.

Süß-salzige Variante Crème fraîche auf dem Teig verstreichen, mit gehobelten Birnen und Camembertstückchen belegen.

ROTKRAUT MIT DÖRRAPRIKOSEN

Abbildung

für 2 Portionen als Beilage
Zubereitung 2 Stunden

- E 1 kleiner Rotkabis / -kohl
- M 1 Msp Nelkenpulver
- M 1 Prise Zimtpulver
- W 1 TL Salz
- E 1 EL Butter
- E 1 Schalotte, fein gewürfelt
- E 1 EL Rohrohrzucker
- E 1 kleiner Apfel, geschält, geviertelt, entkernt, in feinen Scheiben
- M frisch gemahlener Pfeffer
- W ½ dl / 50 ml Gemüsebrühe
- H 1 Orange, wenig abgeriebene Schale
- H 1 TL Apfelessig
- F ½ dl / 50 ml Rotwein
- E 1 kleine mehligkochende Kartoffel
- E einige eingeweichte Dörraprikosen, in Streifen

• Rotkabis halbieren, Strunk keilförmig herausschneiden, Kabis in Streifen schneiden / hobeln, mit • Nelkenpulver, Zimt und • wenig Salz mischen, kräftig kneten, 1 Stunde ziehen lassen. ● • Schalotte in der Butter andünsten, Zucker darüberstreuen, unter Rühren leicht karamellisieren, Rotkabis und Äpfel mitdünsten, • wenig Pfeffer darüberstreuen, mit • Gemüsebrühe ablöschen, • Orangenschale und Apfelessig unterrühren, • Rotwein dazugießen, • geschälte Kartoffel dazureiben und mit Aprikosen unterrühren, Rotkraut mindestens 45 Minuten bei schwacher Hitze köcheln lassen.

Tipp Das Rotkraut passt zu Wild, Getreide- und Fleischburgern sowie zu Kichererbsenkugeln.

HIRSCHSCHNITZEL

für 2 Portionen
Zubereitung 15 Minuten

- E Bratbutter / Butterschmalz
- M 2 Hirsch- oder Rehschnitzel
- M frisch gemahlener Pfeffer
- W Salz

Sauce

- E Bratbutter / Butterschmalz
- E 1 kleine Karotte, geschält, fein gewürfelt
- M 1 kleine Zwiebel, fein gewürfelt
- M frisch gemahlener Pfeffer
- W Wasser
- W Salz
- H 1 TL Preiselbeerkonfitüre oder Holunder- oder Johannisbeergelee
- F 1 Prise Paprikapulver
- E wenig Rahm / Sahne

• Hirschschnitzel mit • Pfeffer und • Salz würzen. In der heißen • Butter auf beiden Seiten kräftig anbraten. In Alufolie einwickeln, im vorgeheizten Ofen bei 80 bis 100 °C warm stellen. ● In der Fleischpfanne etwas • Bratbutter erhitzen, Karotten und • Zwiebeln andünsten, mit Pfeffer würzen, ein wenig • Wasser zugeben und Bratfond auflösen, köcheln lassen, bis das Gemüse weich ist. Mixen. Mit Salz abschmecken. • Preiselbeerkonfitüre unterrühren. • Paprika darüberstreuen. Für eine sämige Sauce wenig • Rahm unterrühren. Rehschnitzel in der Sauce heiß werden lassen.

Tipp Mit Rotkraut, Teigwaren, Reis oder Bratkartoffeln kombinieren.

KRAUTWICKEL MIT DINKEL-PILZ-FÜLLUNG

für 2 Portionen

Zubereitung 1 Stunde

E 8 große Mangoldblätter

F 3½ dl / 350 ml heiße Gemüsebrühe
E 160 g Dinkelschrot
F 100 g Schaffrischkäse
E 1 EL Bratbutter / Butterschmalz
E 1 Zwiebel, fein gewürfelt
E 120 g Pilze, z. B. Steinpilze oder Austernpilze, feinblättrig geschnitten
M wenig Muskatnuss
M Korianderpulver
F frischer Thymian
F wenig Paprikapulver
M Petersilie, Blätter abgezupft und fein gehackt
W Salz

E Butter, für die Form
F heiße Gemüsebrühe, für die Form

• Der kochenden Gemüsebrühe • Dinkelschrot zugeben, kurz köcheln lassen, zugedeckt 30 Minuten ausquellen lassen. ● • Bratbutter erhitzen, Zwiebeln andünsten, • Pilze 5 Minuten mitdünsten. ● • Dinkelschrot mit • Schaffrischkäse und • Pilzen mischen, mit • Muskatnuss, Koriander, • Thymian und Paprika würzen. ● • Mangoldblätter in reichlich Wasser blanchieren, kalt abschrecken. Den harten Stielansatz entfernen. Blätter auf ein Küchentuch legen. ● Auf jedes Mangoldblatt ein Achtel der Getreide- Pilz-Masse geben, Ränder frei lassen. Einrollen. Krautwickel in eine mit • Butter eingefettete Gratinform legen. Etwas • Gemüsebrühe dazugeben. Im vorgeheizten Ofen bei 220 °C etwa 20 Minuten garen.

Variante Für diese Wickel eignen sich die unterschiedlichsten Füllungen (Hafer, Quinoa, Gerste, Reis, pürierte Kartoffeln / Kartoffelstock, Hirse, Buchweizen). Statt mit der Gemüsebrühe kann man die Krautwickel mit Tomatensauce umgießen.

KOKOS-ERDNUSS-BÄLLCHEN

für 10 bis 15 Stück
Zubereitung 30 Minuten

- E 250 g weicher Tofu
- E 100 g Erdnüsse, ungesalzen, geröstet, im Mörser zerstoßen
- E 50 g Kokosraspel
- M 1 TL scharfer Curry
- M frisch gemahlener Pfeffer
- W Salz
- H 1 Spritzer Zitronensaft
- F 1 TL Kurkuma

- E Erdnussöl, zum Frittieren

• Tofu zerbröckeln und nach und nach alle Zutaten einarbeiten. ● Aus der Tofumasse mit einem Löffel kleine Portionen abstechen, Kugeln formen. Im heißen Öl bei 170 °C frittieren. Oder Kugeln auf ein geöltes Blech setzen, mit Öl bestreichen und im Ofen bei 180 bis 200 °C 20 Minuten goldbraun backen.

Tipp Mit gedünstetem Gemüse, Dip oder einem Salat servieren.

DESSERTS

KOKOSREIS MIT BANANENCHIPS

Abbildung

für 4 Portionen
Zubereitung 30 Minuten

- E ½ l Sojamilch
- E 50 g Kokosflocken
- E 250 g Süßreis (Mochireis)
- E 50 g Rosinen
- E 100 g getrocknete Bananenchips (Reformhaus)
- E 2 EL Honig

• Sojamilch und Kokosflocken aufkochen, Reis zugeben, zugedeckt etwa 5 Minuten köcheln lassen. Rosinen und Bananenchips unterrühren, köcheln lassen, bis der Reis gar ist. Honig unterrühren. Lauwarm servieren.

Tipps Für die Garnitur einige grob zerdrückte Bananenchips über den Reis streuen. Man kann den Reis auch mit frischen Saisonfrüchten anreichern.

• **Wirkung** Sojamilch kühlt Hitze – tonisiert das Yin – der Süßreis stärkt Qi und Blut – süß befeuchtet und entspannt

• **Zu meiden bei** Yin-Fülle, Qi-Stagnation, Kältezuständen

QUARKGRATIN MIT SOMMERFRÜCHTEN

für 2 Portionen
Zubereitung 15 Minuten

- H 120 g Frischquark
- H ½ Bio-Zitrone, abgeriebene Schale und Saft
- F 1 Prise Kakaopulver
- E 12 g Mais- oder Kartoffelstärke oder Pfeilwurzelmehl
- E 1 Eigelb
- M 1 EL Rum
- E 1 TL Vanillezucker
- E 1 Eiweiß
- E 1 EL Zucker

- E Himbeeren, Brombeeren, Heidelbeeren
- E Aprikosen, Pfirsiche, Pflaume

- E Puderzucker

• Eischnee halb steif schlagen, Zucker zugeben, Masse steif schlagen. • Backofen auf 220 °C vorheizen. • • Quark, Zitronenschale und -saft, • Kakaopulver, • Maisstärke, Eigelb, • Rum und • Vanillezucker verrühren. Eischnee unterziehen, in eingefettete Portionenschalen füllen. Mit Früchten (frische Beeren oder zerkleinertes Steinobst) belegen. • Quarkgratin im vorgeheizten Ofen bei 220 °C 8 bis 10 Minuten backen. Mit Puderzucker bestäuben. Sofort servieren.

SÜSSE POLENTAKÜCHLEIN

Abbildung

für 4 Portionen

Zubereitung 30 Minuten

- F 2½ dl / 250 ml kochendes Wasser
- E 2½ dl / 250 ml Milch
- E 120 g mittelfeiner Maisgrieß
- E 20 g Butter
- E 1 EL Rohrohrzucker
- E 25 g Rosinen
- M 1 Prise Zimt- oder Nelkenpulver

- E Bratbutter / Butterschmalz, zum Ausbacken

- E Rohrohrzucker, zum Bestreuen
- M Zimtpulver, zum Bestreuen

• Dem kochenden Wasser • Milch zugeben, aufkochen, Maisgrieß einrieseln lassen, erhitzen, Butter, Zucker, Rosinen und • Zimt unterrühren, Maisbrei bei schwacher Hitze 20 Minuten ausquellen lassen. ● Aus der Polenta mit nassen Händen Kugeln formen und diese flach drücken. In der • Bratbutter beidseitig backen. Mit Zimtzucker bestreuen. Warm stellen.

Tipp Mit einem Kompott servieren, z.B. einem Apfel- oder Apfel-Rhabarber- oder Zwetschgenkompott.

• **Wirkung** leicht erwärmend – stärkt den Mittleren Erwärmer – tonisiert das Blut – harmonisierend

AMARANTSCHALE MIT SOMMERFRÜCHTEN

für 4 Portionen

Zubereitung 10 Minuten

- F 1,4 dl / 140 ml heißes Wasser
- E 80 g Amarant
- E Ahornsirup
- E 2 Pfirsiche
- E Himbeeren
- H E Crème fraîche

• In das kochene Wasser • Amarant einrieseln lassen und auf der ausgeschalteten Wärmequelle quellen lassen. Mit Ahornsirup süßen. ● • Pfirsiche im Wasser 5 Minuten kochen, unter kaltem Wasser abschrecken, schälen. Früchte halbieren, Stein entfernen, Fruchthälften in Würfelchen schneiden. ● • Pfirsiche unter den Amarant mischen, in Gläser füllen, mit den Himbeeren und Crème fraîche garnieren.

NUSSPARFAIT

für 4 Portionon

Zubereitung 4½ Stunden

- E 3 EL Zucker
- E 100 g Baum-/Walnüsse, gehackt
- E 2 Eigelbe
- E 4 EL feiner Rohrohrzucker
- E 1 Vanilleschote
- E 2½ dl/250 ml Rahm/Sahne
- E 2 Eiweiß
- E 1 EL Zucker

Sauce

- E 150 g Zucker
- E 50 g Baum-/Walnüsse, gehackt
- E 1 dl/100 ml Rahm/Sahne

Für das Parfait • Zucker hellbraun karamellisieren, Nüsse zugeben. Sofort auf ein Backtrennpapier gießen und erkalten lassen. Die Masse grob cuttern. ● • Eigelbe und Zucker zu einer cremigen Masse aufschlagen. Vanilleschote aufschneiden, Mark zur Eigelbmasse abstreifen und unterrühren. Karamellnüsse zugeben. Rahm steif schlagen, unterziehen. Eiweiß halb steif schlagen, Zucker zugeben, Masse steif schlagen und unter die Creme ziehen. Nussparfait im Tiefkühler rund 4 Stunden fest werden lassen. ● Für die Sauce • Zucker hellbraun karamellisieren, Hitze reduzieren, Nüsse zugeben, Rahm zugeben, bei schwacher Hitze köcheln lassen, bis sich der Zucker aufgelöst hat. Die Sauce warm zum Parfait servieren.

- **Wirkung** thermisch kalt – stark befeuchtend – produziert Schleim.

- **Zu meiden bei** Kältezuständen – Yin-Fülle – Stagnation

BIRNENGRATIN MIT HASELNUSSSTREUSEL

Abbildung

für 2 Portionen

Zubereitung 30 Minuten

- H 3 Birnen
- H 2 TL Zitronensaft
- F 1 Prise Kakaopulver
- E 1 dl/100 ml Rahm/Sahne
- E 1 EL Rohrohrzucker

Streusel

- E 50 g Butter
- E 50 g geriebene Haselnüsse
- E 50 g Rohrohrzucker
- E ½ TL Zimtpulver

- E Schlagrahm/-sahne
- E Zimtpulver

• Birnen schälen und halbieren, Kerngehäuse ausstechen, Hälften längs in feine Spalten schneiden, fächerartig in zwei eingefettete ofenfeste Portionenformen füllen, mit Zitronensaft beträufeln, • Kakao darüberstreuen. • Rahm und Zucker verrühren, über die Birnen gießen. ● Für die Nussstreusel • Butter schmelzen, Haselnüsse, Zucker und Zimt unterrühren. Krümelig über die Birnen verteilen. ● Gratin im vorgeheizten Ofen bei 200 °C rund 15 Minuten backen. Mit Schlagrahm und Zimt garnieren. Warm servieren.

KOKOSMILCHREIS MIT APFEL

für 4 Portionen

Zubereitung 40 Minuten

- E 2 dl / 200 ml Kokosmilch
- E 2–3 EL Rohrohrzucker
- E 1 süßer Apfel, geschält, klein gewürfelt
- E 2 EL Kokosflocken
- E ½ Vanilleschote
- E 200 g Süßreis (Mochireis)
- M wenig frisch geriebener Ingwer
- W 1 Prise Salz
- H 1 EL Crème fraîche / Sauerrahm, nach Belieben
- F 1 Prise Kakaopulver
- E 1 EL Rosinen

• Kokosmilch erwärmen, Zucker und Äpfel zugeben, die Hälfte der Kokosflocken unterrühren. Vanilleschote aufschneiden, Mark zur Milch streifen, Reis zugeben, • Ingwer zugeben, köcheln lassen, bis der Reis sämig ist. • Salz unterrühren, • mit Crème fraîche verfeinern. • Kakaopulver und • Rosinen unterrühren. Anrichten. Mit restlichen Kokosflocken bestreuen.

• **Wirkung** wärmend – nährend – beruhigend – entspannend – befeuchtend – stärkt den Mittleren Erwärmer

HASELNUSSCREME

Abbildung

für 4 Portionen

Zubereitung 30 Minuten

- E 4½ dl / 450 ml Kuh- oder Sojamilch
- E 1 Prise Vanillepulver
- E ½ TL Zimtpulver
- M 50 g sehr feines, frisch gemahlenes Reismehl (Reformhaus, Bioladen)
- W 1 Prise Meersalz
- H einige Tropfen Zitronensaft
- F 1 Prise Kakaopulver
- E 1½ EL Akazien- oder Lindenblütenhonig
- E 30 g geriebene Haselnüsse
- E 2 dl / 200 ml Rahm / Sahne

- E Schlagrahm / -sahne
- E einige gehackte Haselnüsse, für die Garnitur

• Milch mit Vanille- und Zimtpulver in einer Pfanne verrühren, • Reismehl unterrühren, unter Rühren aufkochen, köcheln lassen, bis die Masse bindet. Schüssel mit einer Klarsichtfolie verschließen. Creme erkalten lassen. • Salz, • Zitronensaft, • Kakaopulver, • Honig und Nüsse unterrühren. Rahm steif schlagen, unter die Creme ziehen. Haselnusscreme in Schalen oder Gläser füllen, mit Schlagrahm und gehackten Haselnüssen garnieren.

• **Wirkung** erfrischend – befeuchtend

• **Zu meiden bei** innerer Feuchtigkeit

ZUCCHINIKUCHEN MIT PINIENKERNEN

für eine Springform von 26 cm Durchmesser
Zubereitung 70 Minuten

- E 5 große Eier
- E 300 g Rohrohrzucker
- E 1 dl / 100 ml Sonnenblumenöl oder Maiskeimöl
- E 300 g feines Dinkelvollkornmehl
- M ½ Briefchen phosphatfreies Backpulver (8 g)
- M 1 TL Natron
- E 200 g geriebene Baum-/Walnüsse
- E 300 g Zucchini
- E 100 g Pinienkerne
- M 1 TL Zimtpulver
- W 1 Prise Salz
- H 1 Spritzer Zitronensaft
- F 1 Bio-Zitrone oder Bio-Orange, wenig abgeriebene Schale

- E Butter, für die Form
- E Puderzucker, zum Bestäuben

Zucchini beidseitig kappen und fein reiben. • Boden der Springform mit Backpapier belegen, Rand einfetten. • • Eier mit Zucker cremig aufschlagen, bis sich der Zucker aufgelöst hat, Öl nach und nach zugeben. Mehl, • Backpulver und Natron mischen und unter die Eiercreme rühren, • Nüsse untermischen, Zucchini und Pinienkerne untermischen. • Zimt, • Salz, • Zitronensaft und • Zitronenschale unterrühren. In die Form füllen. • Zucchinikuchen im vorgeheizten Ofen bei 220 °C 35 bis 40 Minuten backen. Auskühlen lassen. Vor dem Servieren mit Puderzucker bestäuben.

APFEL-HAFER-AUFLAUF

für 2 Portionen
Zubereitung 1¼ Stunde

- H 300 g leicht säuerliche Äpfel
- H ½ Zitrone, Saft
- F 1 Prise Kakaopulver
- E 2 große Eier
- E 4 EL geriebene Baum-/Walnüsse
- E 1 TL Zimtpulver
- E 3 EL feiner Haferschrot
- E 4 EL Gerstenmalz

- E Butter, für die Form

• Äpfel schälen und grob reiben, mit Zitronensaft mischen, • Kakaopulver untermischen. • Eier trennen, Eigelb, Nüsse und Zimt unterrühren, Haferschrot unterrühren. Rund 30 Minuten quellen lassen. Eiweiß steif schlagen, Gerstenmalz langsam einrühren, unter die Apfelmasse ziehen. In die mit Butter eingefettete Gratinform füllen. • Auflauf im vorgeheizten Ofen bei 200 °C rund 30 Minuten backen.

CASHEWNUSSECKEN

für ein großes, rechteckiges Backblech
Zubereitung 40 Minuten

Teig

- H 250 g feines Dinkel- oder Weizenvollkornmehl
- F 1 Prise Kakaopulver
- E 1 Ei
- E 100 g Akazienblütenhonig
- E 100 g zimmerwarme Butter

Belag

- E 200 g Akazienblütenhonig
- E 100 g Butter
- E 400 g grob gehackte Cashewnüsse oder beliebige Nüsse

• Mehl und • Kakaopulver mischen, • Ei, Honig und Butter zugeben, zu einem Teig rühren. Teig auf dem mit Backpapier belegten Blech gleichmäßig verstreichen. ● Für den Belag • Honig und Butter erhitzen, Nüsse unterrühren. Nussmasse auf dem Teig verteilen. ● Im vorgeheizten Ofen bei 180 °C 20 Minuten backen. Noch heiß in Rhomben oder Quadrate schneiden. Abkühlen lassen.

Tipp Nussgebäck in flüssige Schokolade F E tauchen.

• **Wirkung** tonisiert Qi und das Blut – baut Substanz auf

LITERATUR/ADRESSEN

Literatur

Chang, Stephen: Das Tao der Ernährung. Ariston

Connelly, Dianne M.: Traditionelle Akupunktur: Das Gesetz der Fünf Elemente. Heidelberg: Verlag Anna Christa Endrich

Da Silva, Kim: Richtig essen zur richtigen Zeit. Ernährung und Kinesiologie. Knaur Verlag

Flaws, Bob; Wolfe, H. Lee: Das Yin und Yang der Ernährung. Bern/München/Wien: O.W. Barth Verlag

Frank, Kai-Uwe: Altchinesische Heilungswege. Wiesbaden: Jopp Verlag.

Friebel-Röhring, G.: Essen Sie gern Tapetenkleister? Hebel-Verlag

Heinen, Martha P.: Kochen und leben mit den Fünf Elementen. Windpferd Verlag

Pitchford, Paul: Healing with whole foods. North Atlanic Books

Pollmer, Udo: Prost Mahlzeit. Kiepenheuer & Witsch

Possin, Roland: Vom richtigen Essen. Irisiana Verlag

Reid, Daniel P.: Chinesische Heilkunde. Trias Verlag

Schneider, Karola: Kraftsuppen nach der Chinesischen Heilkunde. Sulzberg: Joy Verlag

Temelie, Barbara: Ernährung nach den Fünf Elementen. Sulzberg: Joy Verlag

Temelie, Barbara; Trebuth, Beatrice: Die Fünf Elemente Ernährung für Mutter und Kind. Sulzberg: Joy Verlag

Werner, Benno: Energie und Ernährung im Rhythmus der Jahreszeiten. Knaur Verlag

Wetter Ursula: Fünf-Elemente-Küche. AT Verlag

Adressen

SBO TCM
Schweizerische Berufsorganisation für
Traditionelle Chinesische Medizin
Alfred-Lienhard-Strasse 1, CH-9113 Degersheim
Tel. +41 (0)71 372 01 11, www.sbo-tcm.ch

Verband Ernährung nach den 5 Elementen
Büelweg 1, CH-8374 Vogelsang/Dussnang
Telefon Beratung: +41 (0)71 912 30 25
sekretariat@ve5e.ch

STICHWORTVERZEICHNIS

DIE 5-ELEMENTE-LEBENSMITTELLISTE

	HOLZ Sauer • zieht zusammen • bewahrt die Säfte	FEUER Bitter • trocknet aus • leitet Energie nach unten	ERDE Süß • befeuchtet • entspannt • harmonisiert • baut Qi auf	METALL Scharf • löst Stagnationen • schweißtreibend • zerstreuend	WASSER Salzig • weicht auf • führt ab • leitet nach unten
Getreide und Hülsenfrüchte	▼ Backferment ▼ Dinkel ▲ Grünkern ▼ Hefe ▼ Weizen ▼ Sauerteigbrot	▲ Buchweizen ▼ Roggen	▼ alle Getreide (Mehl, Flocken, Grütze, Schrot) ▲ Amarant ▼ Gerste ▼ Hirse ▼ Hefebrot ▼ Mais ▲ Sago ▲ Süßreis	▲ Hafer ▼ Reis	● Azukibohnen ● Erbsen ▼ getr. Hülsenfrüchte ▼ gelbe Sojabohnen ▼ Kichererbsen ● Linsen ▼ Mungobohnen ● rote Sojabohnen ▼ schwarze Sojabohnen ● Stangenbohnen
Gemüse	▼ in Essig eingelegtes oder milchvergorenes Gemüse ▼ Essiggurke ▼ Sprossen von Mungobohnen ▼ Sauerampfer ▼ Sauerkraut ▼ Tomate	▼ Artischocke ▼ Alfalfasprossen ▼ Brüsseler Endivie/weißer Chicorée ▼ Cicorino rosso/Radicchio ▼ Eisbergsalat ▼ Endivie ▼ grüner Salat ▼ Löwenzahnwurzel ▼ Nüsslisalat/Feldsalat ▼ Olive ● Pastinake ▼ Rande/Rote Bete ● Rosenkohl	● alle Kohlsorten ▼ Aubergine ● Avocado ▼ Blumenkohl ▼ Brokkoli ● Buschbohne ▼ Champignons und alle anderen Pilze ▼ Chinakohl ● Erbsen ▲ Fenchel ▼ Gurke ▲ Karotte ▼ Kartoffel ▲ Kastanie ▲ Kürbis ▼ Mangold ▼ Peperoni/Paprika ● Rübe ▼ Schwarzwurzel ▼ Sellerie ▼ Spinat ▼ Spargel ▲ Süßkartoffel ● Yams ▼ Zucchino	▲ Frühlingszwiebel ▼ Kohlrabi ▼ Kresse ▲ Lauch ▲ Meerrettich ▲ Radieschen ▼ Rettich, allgemein ▲ Schalotte ▲ Zwiebel	▼ Agar-Agar ▼ Algen ▼ Iziki ▼ Kombu ▼ Nori ▼ Wakame
Fleisch und Fisch	▲ Huhn ▼ Ente	▲ Lamm ▲ Ziege	● Kalb ● Rind	▲ Fasan ● Gans ▼ Hase ▲ Hirsch ▲ Pferd ▲ Rebhuhn ● Truthahn/-henne ▲ Wachtel ▲ Wildschwein	▼ Schwein ▲ Aal ▲ Barsch ▲ Forelle ▲ Hummer ▲ Kabeljau ● Karpfen ▼ Kaviar ▼ Krebs/Krabbe ▲ Krevetten/Garnelen ▲ Lachs ▲ Languste ▲ Miesmuschel ▲ Sardelle ▲ Scholle ▲ Thunfisch ▼ Tintenfisch
Gewürze und Öle	▼ Brottrunk ▲ Essig ▲ Petersilie ▼ Weinsteinbackpulver	▲ Beifuß ▲ Bockshornkleesamen ▲ Kakao ▲ Kurkuma/Gelbwurz ▲ Mohn ▲ Oregano ▲ Rosenpaprika ▲ Rosmarin ▼ Salbei ▲ Thymian	▼ alle kaltgepressten Öle ▼ Ahornsirup ▲ Amasake ▲ Baumnussöl/Walnussöl ▼ Distelöl ▼ Estragon ▲ Fenchelsamen ● Honig ▲ Kürbiskernöl ▼ Kuzu	▲ Basilikum ▲ Cayennepfeffer ▲ Curry ▲ Dill ▲ Fenchel ▲ Ingwer ▲ Kardamom ▲ Knoblauch ▼ Kresse ▲ Kreuzkümmel	▼ Salz ▼ Sojasauce ▼ Miso ▼ Backpulver

			▼ Sesamöl ▼ Sonnenblumenöl ▼ Sojaöl ● Süßholz ▲ Vanille ▼ Vollrohrzucker ● Zucker ▼ Weizenkeimöl ▼ Wildpfeilwurzelmehl ▲ Zimtpulver	▲ Majoran ▲ Mandarinenschale ▲ Muskatnuss ▲ Nelke ▲ Orangenschale ▲ Peperoncino/Pfefferschote ▲ Petersilie ▲ Pfeffer ▲ Piment ▲ Schnittlauch ▲ Senf ▲ Sternanis ▲ Tabasco ▲ Tumeric ▲ Zimt/Zimtrinde ▼ Zitronenschale	
Früchte	▼ unreifes Obst ▼ unreife Beeren ▼ Apfel, sauer ▼ Apfelkompott ▼ Ananas, sauer ▼ Brombeere, unreif ▼ Erdbeere, unreif ▼ Johannisbeere ▼ Kiwi ▼ Orange/Orangensaft ▼ Preiselbeere ▼ Rhabarber ▼ Sauerkirsche ▼ Stachelbeere ▼ Zitrone/Zitronensaft	▼ Holunderbeere ▼ Grapefruit/ Grapefruitsaft ▼ Quitte	▼ alles süße Obst ● Ananas, süß ▼ Apfel, süß ▲ Aprikose ▼ Banane ▼ Birne ▼ Brombeere, reif ● Dattel ▼ Erdbeere, reif ● Feige ▼ Heidelbeere, reif ▼ Himbeere, reif ● Honigmelone ▼ Kaki ▲ Korinthe ▼ Mango ● Papaya ▲ Pfirsich ● Pflaume ▲ Rosine ▲ Süßkirsche ▲ Traube ▼ Wassermelone		
Nüsse Samen Kerne			▲ Baumnüsse/Walnüsse ▼ Cashewnüsse ● Erdnüsse ● Haselnüsse ▲ Kastanien ▲ Kokosmilch ▲ Kokosnüsse ▲ Kürbiskerne ● Mandeln ▲ Pinienkerne ▲ Pistazien ● Sesamsamen ▼ Sonnenblumenkerne		
Milchprodukte Ei	▼ Dickmilch, sauer ▼ Frischkäse ▼ Joghurt, natur ▼ Kefir ▼ Sauermilch ▼ Sauerrahm/saure Sahne ▼ Quark	▲ Schafskäse ▲ Ziegenkäse ▲ Ziegenmilch	● Butter ● Ei ● Joghurt, süß ● Käse, vollfett ● Kuhmilch ● Rahm (35 % Fett) ● Schlagsahne/süße Sahne	▲ stark fermentierter Käse ▲ Schimmelkäse ▲ Hartkäse	
Getränke	▼ Brottrunk ▼ Champagner ▼ frischer Fruchtsaft ▲ Kirschensaft ▼ Prosecco ▼ Sauerkrautsaft ▼ Weißwein, trocken ▼ Weizenbier	▼ Altbier ▼ Getreidekaffee ▼ Guinness-Bier ▲ Kaffee ▼ Pils ▲ Rotwein	▲ Alkohol, süßer ▼ Gemüsesaft ▲ Honigwein ▲ Likör ● Malzbier ▼ Sojamilch ▲ Weißwein, süßlich ▲ Traubensaft	▲ Glühwein ▲ hochprozentiger Alkohol ▲ Sake ▲ Schnaps ▲ Whisky ▲ Wodka	▼ Quellwasser ▼ Mineralwasser
Tee	▼ Früchtetee ▼ Hagebutte ▼ Hibiskus	▼ Enzianwurzel ▼ Frauenmantel ▼ Grüner Tee ▼ Klettwurzel ▼ Löwenzahnwurzel ▼ Schafgarbe ▼ Schwarztee ▼ Wermuth	▲ Fenchel ▼ Kamille ▲ Kümmel ▼ Maishaar ● Süßholz	▲ Ingwer ▼ Pfefferminze ▲ Yogitee	

Thermische Wirkung ▲ heiß ▲ erwärmend ● neutral ▼ erfrischend ▼ kalt